岭南文化世家

传记丛书 — 第一辑

五代书香传　一门两大家

容庚家族

黄河方／著

RONG GENG JIAZU

华南理工大学出版社
SOUTH CHINA UNIVERSITY OF TECHNOLOGY PRESS
·广州·

图书在版编目（CIP）数据

五代书香传　一门两大家：容庚家族 / 黄河方著. —广州：华南理工大学出版社，2016.8
（岭南文化世家传记丛书. 第一辑）
ISBN 978-7-5623-5065-1

Ⅰ. ①五… Ⅱ. ①黄… Ⅲ. ①容庚（1894—1983）—家族—史料 Ⅳ. ①K820.9

中国版本图书馆CIP数据核字（2016）第198406号

五代书香传　一门两大家：容庚家族
WUDAI SHUXIANG CHUAN　YIMEN LIANG DAJIA：RONG GENG JIAZU
黄河方　著

出 版 人：	卢家明
出版发行：	华南理工大学出版社
	（广州五山华南理工大学17号楼，邮编510640）
	http://www.scutpress.com.cn　E-mail: scutc13@scut.edu.cn
	营销部电话：020-87113487　87111048（传真）
策划编辑：	王　磊
责任编辑：	王　磊
印 刷 者：	广州星河印刷有限公司
开　　本：	787mm×960mm　1/16　印张：10.25　字数：138千
版　　次：	2016年8月第1版　2016年8月第1次印刷
定　　价：	48.00元

版权所有　盗版必究　　印装差错　负责调换

目录

家族大视野

那时的莞城一派古镇风光　　/ 2
不出仕的莞城望族　　/ 8

文字学家：容庚

从中学生到北大研究生　　/ 18
一"书"成名，执教燕大　　/ 25
清宫鉴伪，鉴出青铜史上集大成之作　　/ 35
中国人发掘，日本人研究？　　/ 42
"回岭南后，没写过一个字"　　/ 50
大师在一起也时常会斗气吵架　　/ 57
"再逼，我就跳珠江去"　　/ 66
聚是一把火，散为满天星　　/ 73

他的家教开明又保守，放任又严格　　／80

他一直保有旧时文人礼仪，见面告辞都鞠躬　　／91

国学大师：容肇祖

一枚刻章激发的三种才华　　／98

"三进三出"中山大学　　／106

明朝的这些人这些事是他发掘的　　／111

为什么那么多名家都喜欢他？　　／121

他从不训斥孩子　　／128

容家的女人们

邓琼宴：再现"孟母三迁"　　／136

容媛：在民国活出现代职业女性风采　　／141

徐度伟：文雅温良的"太太"　　／146

容琬：美若轻风的北大才女　　／151

尾　声

所谓世家，自立为第一要点　　／158

五代书香传
一门两大家

家族大视野

JIAZU DASHIYE

容庚家族

山水人文滋养下的莞城出了不少名门望族。容家因其『不求做官、但望自立』的家训，数代以来一直致力于为社会教育事业多做贡献，把自己独立于官场之外，被称为不出仕的莞城望族。

直至今天，容家子女仍铭记并践行着这一家训，读书仅为追求自立和独立，无意仕途，并成为各自领域的专家学者，延续文化世家的传奇。

那时的莞城一派古镇风光

现在说起东莞,很多人第一印象是——世界工厂。

确实,东莞的制造业实力之雄厚,体系之齐全,全球少见。这里拥有世界500强企业45家,境外上市公司800多家,投资者来自世界20多个国家和地区。一个地级市,经济规模国内排名第八,这是什么概念?要知道屈指一数,除去北京、上海、广州、深圳,中国的大城市依然比比皆是,随便拿出一个区域,规模都比东莞大。还有一个数据是,到目前为止,东莞的五星级酒店的数量,仅次于北京和上海,国内排名第三。

很长一段时间以来,我们只看到东莞的经济实力,"新兴经济发达区域"是对其的定位。

但事实不仅仅是这样的。财力之下,东莞还拥有富饶的土地、悠久的历史以及丰富的人文。

东莞位于广东省中南部,珠江口东岸。东江水,黄旗山,滋养着这一方土地。先民由此定居下来。这个有时间记载的,至少可追溯至春秋战国,那时,东莞属"百粤里"。

秦统一中国后,东莞属南海郡番禺县地。东汉顺帝时,分番禺立增城,东莞属增城。222—228年间,分增城立东官郡。入晋,废东官郡,东莞分属番禺、增城。东晋咸和六年(331),东莞立县,初名宝安。

唐肃宗至德二年(757)更名东莞,县治置于涌(今莞城)。以东莞作县名由此始,相传因境内盛产水草(莞草)而得名。"千年东莞,根在莞城"的说法由此而起。

靠山吃山,靠水吃水,既然莞草随处可见,勤劳的东莞人民就想方设法利用之,编织就是他们找到的谋生出路。明清两代的《东莞县志》对莞草和草织品已有较多的记载。崇祯年间的《东莞县志》曾记录明代莞籍官员的诗句:

据说,东莞这一名字来自于它盛产莞草

苑彼莞草,芃芃其色。

不蔓不枝,宜之为席。

康熙年间的《东莞县志》则记载:(东莞境内东江沿岸)其产卤草,其人捕鱼之外,日相采莞以为生。

可见,起码在康熙年间,捕鱼和莞草编织是当地人们的两大营生支柱。当时主要的草织品是"夹席"和"草手套"。

而在著名的马王堆汉墓考古发现中,出土的文物,除了历史书写的金缕玉衣,还有东莞产的"莞席",历史学家已经清晰地考证注明出"莞席,以麻线为经,莞草为纬编成,素娟包缘"这些字样。可见,东莞的莞草编织品在汉朝时就已受到王室认可。

甚至,有可能从南北朝的刘宋时代起,莞

莞草编织在清及民国时期,是东莞人民收入两大来源之一

草编织就已是东莞人最重要的生活来源。因为《宋起居注》中有载："广州刺史韦朗，作白莞席三百二十领。"这说明那时东莞人已大量生产草席。

一直到民国时期，东莞的莞草编织业都非常发达。清末时，东莞的厚街涌口、双岗等村更是扩大莞草的人工种植面积，并出现了较多的作坊。这时编织技术也得到改进，厚街成为东莞草织业的重心，此后草织业又延及道滘、莞城、太平等镇。

那时的莞城，最重要的手工业是莞草编织。城外处处可见莞草，城内家庭式作坊比比皆是。说采莞为生，真是一点不假。

据莞城人士考证后整理的材料显示，1900年至1914年是东莞草织品产销的高峰期，东莞草田面积增至2.6万亩，年产量约为35万担，草席销出18万包。主要销场由东南亚转为英国、美国及西欧大陆诸国。

此后，因国际及国内战乱不断，产量逐年减少，行业开始萎缩。至1938年广州被日军侵占时，整个行业破产。

19世纪末20世纪初的莞城，莞草丰茂，一派田园风光。城内的路是麻石路，房屋颇为密集。浩浩的东江，汩汩的癸水，从城内外穿过。东湖、可湖、红湖和众多的鱼塘，如珍珠般散落在这个城镇里。

那时的莞城民风朴实敦厚，莞城人民勤劳、善良、勇敢。家国情怀是读书人血液里的遗传基因，与生俱来，也从来不缺榜样，抗清的张家玉，抗元的熊飞，还有抗金的袁崇焕……在那个娱乐元素缺乏的时代里，他们的故事既作为一种谈资流传坊间，也无形地沉淀在人们心里，激励着他们不断前进。

那时的莞城，人文沉淀日深。巍巍的雁塔，雄伟的学宫，静穆的凤凰台，庄严的上清观，钟声悠扬的资福寺，古榕婆娑的大雄宝殿，冰雕玉琢的舍利塔，木棉参天的钵盂山，一石成柱的镇象塔，有新无旧的金鳌洲塔，庄严肃穆的城隍庙，密密匝匝的榜眼坊，古雅清幽的探花第，宏伟的张氏大宗祠，古朴的何氏生祠，美轮美奂的可园……

山水人文滋养之下，文化成就也就水到渠成了。

据《东莞县志》统计，南宋至清末东莞文人的著作有600多册，分为经、史、子、集四部。在宋代诗词家中，以有作品集的来说，广东仅4人，东莞就有陈纪和赵必豫2人，可谓占了"半壁江山"，其中赵必豫所著《覆瓿集》更被收入《四库全书》中。到了明初，东莞涌现了260多名诗人，先后成立凤台、南园两个诗社。后来莞人张其淦把清末以前的东莞优秀诗作编成《东莞诗录》65卷，收录了历代700余人的诗作，反映了东莞800余年诗歌发展的状况。

书画方面，宋代画中多作"浅绛山水"，水墨写意。明代时，国画技法已臻成熟。明清以来，《广东画人录》收录了东莞明代画家12人，清代画家35人，占了书中所收录画家总数的近15%。居廉、居巢史称"二居"，两人创立的撞水、撞粉花鸟画技法影响了岭南画坛近一个世纪。容祖椿是居廉的弟子，画艺在岭南享有盛名。东莞书法最早的要推南汉大宝五年（962）邵廷珺所造的石经幢的铭文石刻，笔法高古飘逸。宋末，李用等人书法流畅自如，极有气势。元代，书法多见于金石碑刻。明代，人才辈出，篆隶楷行草俱备。清代，书家亦多为画家。

代代相传，就有了世家与望族。那时候世家望族的标准，除了是否有钱，还有一个因素必不可少，就是有文化，而且是积淀两代以上者。否则，只能称之为暴发户。

在莞城，有四个大家族赫赫有名，为当地之名门望族。圆沙坊王家，因出过17个进士而声名远扬，更因始祖王希文为官清廉耿直而名垂青史；博厦张家众星闪烁，近代有军长张达、作家张十方、数学家张启正、哲学家张华夏等一批达人，张家方圆十里，人杰地灵；北隅星耀坊容家有画家容祖椿、通才邓尔雅、著名考古学家容庚、国学大师容肇祖等，声震九州，名扬中华；城内十亩园李家，英才辈出，文武双全，民国元老李章达、李扬敬、李树英宗室均出于此地。

圆沙坊王家在莞城的西隅，原先是东江冲积下形成的三角洲。

这块百余亩的土地时至南宋仍是一片人烟罕至的荒丘，时人管这片地方做"圆沙"，后来因不断有人从外地迁入，该地因而得名为"圆沙坊"。康熙《东莞县志》记载，圆沙原来有个亭，亭中有布衣作偈云："后三百年，石龙过海状元出。"又云："圆沙圆，出状元。"此偈仅兑现了一半，状元没有出过，可进士却出了不少，其中以北起振华路、南抵大芳园的王屋街最为著名。从唐代开科到光绪三十年（1904）科举结束，东莞县共涌现进士241位，而在这条长200余米的王屋街，竟有进士17位。王屋街原名圆沙坊一甲，后因王姓家族聚居于此，故名王屋街。王家有家庙（今莞城医院食堂），庙前有一块麒麟浮雕，以纪念王家的始祖、明代著名人物王希文。

现在莞城的大街小巷，仍然可看到不少王希文的踪迹。金坊碑上留下他撰写的《却金流芳记》，王氏宗祠的遗物，麒麟石浮雕目前保存在人民公园，这块其貌不扬的石雕纪录着王希文不畏权贵、弹劾贪官的历史故事。

莞城博厦，是张姓族人的聚居地。张家是名门望族，近代张家精英辈出，更为难得的是，张家为东莞留下了许多岭南建筑的佳作，最为令人称道的便是可园。若论东莞的园林，有一人不可不提，这便是张应兰。说起张应兰，恐怕对于今日东莞的民众而言是陌生的，生活在西隅的民众或许还依稀记得下关路有条登俊巷，巷中有一家祠曰"九畹祠"，其实，"九畹"便是张应兰的别号。张应兰为清代乾隆年间的附贡，所居名素行堂，为当时东莞人所熟知。他的子孙有四园，至今名震莞邑，这四个园林分别是次子张熙元的学圃（在今滑石街旁）、五子张敬修的可园、张熙元三子张嘉谟的道生园和五子张嘉言的欣遇园（原在下关路），这些名字，对老一辈东莞人而言可谓耳熟能详。

在莞城东隅的县后坊，素为李唐之后的名门望族所居住。同治年间，东莞名医李槐芬在东门辟"十亩园"，该园楼宅建于高丘之上，坐北向南，正对旗峰，园内广种中华百花、岭南佳果，其中以单核白糖黄皮为众多莞人所称道。然而，时代变迁，物换星移，此地风光不再，但好在"十亩园"三字如今仍清晰可见，不至于被世人遗忘。

李家在近代可谓人才济济，自清末始达人不胜枚举：李乐山，清末著名画家；李槐芬，精通医术，首创十亩园；李仲贤，通诗书医术；李圆女，晚清著名女肖像画家；李福贤，莞邑武秀才，曾率众抗倭；李章达、李扬敬，革命抗日，功勋两全；李汉兴，曾任国民革命军第一集团军第三军军人家属学校校长；李树英，曾任黄埔军校教官；李国基，一代画师，享誉省港，从事教育数十年，桃李满天下。其中，以李章达和李扬敬最为闻名。

容家在莞城北隅。那里有一条北起葵衣街、南达振华路的麻石小街，名为旨亭街。在这条街的横巷，有三间古老的青砖红瓦房，这便是近现代在中国学术界享有盛名的容家老屋，现在是"容庚故居"所在地。在民国二十七年（1938）由容庚亲自辑录的《东莞容氏家族》中记道："容氏始于沙公，自闽迁居南雄。至九世致政公由新会迁居东莞板桥村，是为东莞支初祖。十世而后，族渐繁衍。不幸于康熙间，阖族壮丁往新会扫墓，舟覆崖山，死者三四十人，乃复由十七世应冬、应秋二公再起。应冬公移居篁村，今亦式微，存者仅两三人。应秋公之子宽公善治生，移居旨亭街，而族始大。今存六七十人，皆宽公之后也。"

容家世代人才辈出，达人层出不穷。容庚的祖父容鹤龄中进士后不仕，回家乡从事教育，执掌龙溪书院和顺德凤山书院十多年，拥有极高民望。

看到这里，应该可以刷新你对东莞的印象了，东莞，不只有工业，还有文化。

不出仕的莞城望族

这里要说的名门望族，是容家。

旨亭街

千年东莞，根在莞城，而莞城的城市原点在西城门，它是东莞城市文明起源的象征。

据《东莞县志》记载：明代洪武十四年（1381），开设南海卫，管辖东莞地带。洪武十七年（1384），指挥常懿眼见东莞城无遮无挡，很容易被海盗洗劫，于是开始修筑东莞城墙。时有四城门，东门叫和阳，南门叫崇德，西门叫迎恩，北门叫镇海。西城楼左起

旨亭街现仍有不少青砖红瓦的老房子

连着道家山（今文化宫所在地）、南城、钵盂山、东门、北门，全长3900余米，环护东莞城。

一直到1958年"大跃进"前，四城门都还在，之后，除了西城门外，其他三门都拆了，所谓"破四旧"。据说拆下来的红石，拿去建防空洞了。好在，时至今日，莞城依然有不少青砖瓦房错落有致地隐藏在老街的深处。

比如西城门外的那条叫"旨亭街"的麻石街。

旨亭街宽不到一米，街上建有一座红柱绿瓦、金碧辉煌的接旨亭。在漫长的封建时代里，那些京、府来的大官，乘船在官厅头（今兴龙桥旁）上了岸，县令就到接旨亭那里去跪接圣旨，所以这条街就叫旨亭街。在这条街中心的横巷，有三间古老的青砖红瓦平房，这便是容庚故居，现是省级文物保护单位。

踏上青石梯级，推开由数根圆横木组成的趟栊门，把10厘米长的钥匙伸进门孔往上一撬，随着"吱"的一声，略显笨重的木门慢慢打开，便见一个门厅。往里绕过屏风似的一道石墙后，天井里有一个脸盆大的井，井旁的厨房里是烧柴的灶头。进入正厅，香案两旁各放一张太仙椅，香案上的花瓶和镜子分别寓意平安和光明正大。整个故居为三开间，分前、中、后三进布局，每进都是一个独立的三间两廊式

容庚故居

容庚故居保留了房屋原有的格局

故居内的陈设（容庚后人捐赠了一部分）

单位。两廊之间是一个小天井，现存建筑为晚清风格。

　　这座房屋是容庚的祖父容鹤龄于清光绪年间从他人手中买的。甲午年（1894）农历八月六日，容庚诞生在这里。他的父亲容邺南，初得长子喜出望外，于是以诗纪之，诗曰：

> 吾国正需才，生男亦壮哉；
> 高轩一再过，都为试啼来。

那时正值中日甲午战争爆发，国势危急，容邺南一举得男，可以看出对儿子的殷切期许，家国情怀可见一斑。

跟很多世家望族不同的是，容家子弟非常重视读书，学优者亦不少，但就是不仕，也就是不当官，数代以来一直把自己独立于官场之外。其传承脉络如下：

容庚太高祖经商致富创下家业后，就开始重视家里子弟教育问题。很快，在自己的下一代中就出了个贡生，就是容廷华，字秀石。秀才大家都知道，从秀才中选出成绩或资质优异的，升入京师的国子监读书的，就是贡生了。容廷华曾任嘉应州长乐县（今五华县）儒学训导。训导是各级政府设置的教诲生员（也就是秀才）的一种机构，儒学训导就是在这个机构里辅助教授、学正、学谕教诲秀才的一个职务。

接着的下一代书读得更好。容庚的曾祖父容保民，字伯棠，是清道光二十六年（1846）丙午科乡试举人，次年入京会试，试后生病，于返粤途中在德州逝世。明、清时，称乡试中试的人为举人，亦称为大会状、大春元。中了举人叫"发解""发达"。习惯上举人俗称为"老爷"，雅称则为"孝廉"。只不过，后来"老爷"这个称呼开始泛化，不再是举人的特定俗称；而"发达"说的也不是"中举"这回事，而是直接跟赚了很多钱挂钩。

祖父容鹤龄成就更突出，达到家族的一个高峰。容鹤龄，字青田，清咸丰十一年（1861）辛酉科并补行戊午科举人，为同治二年（1863）癸亥科进士，并且殿试三甲排第八名。古代科举制度中，通过最后一级中央政府朝廷考试者，称为进士，是古代科举殿试及第者之称。中了进士，一般可以做个相当于现在副处级级别的官了，容鹤龄当时授的是知县。但他不愿意，说要回家侍奉母亲，所以改授韶州

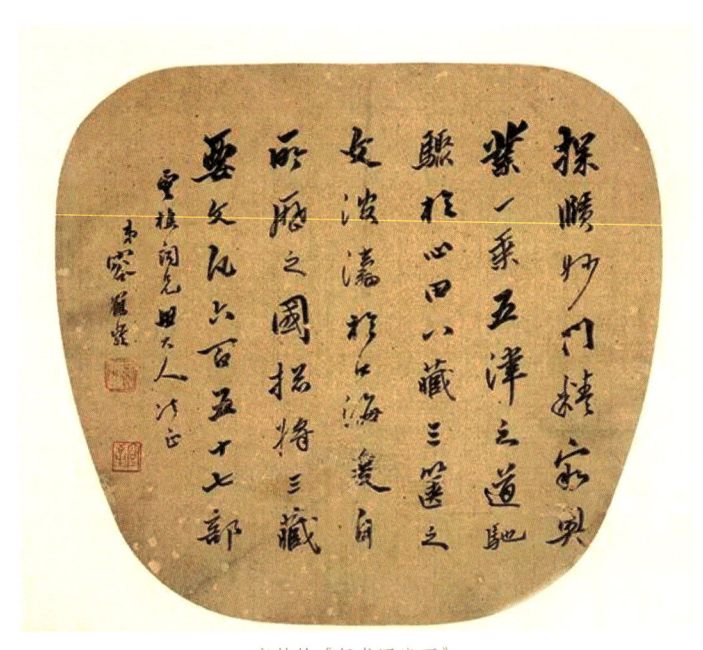

容鹤龄《行书团扇面》

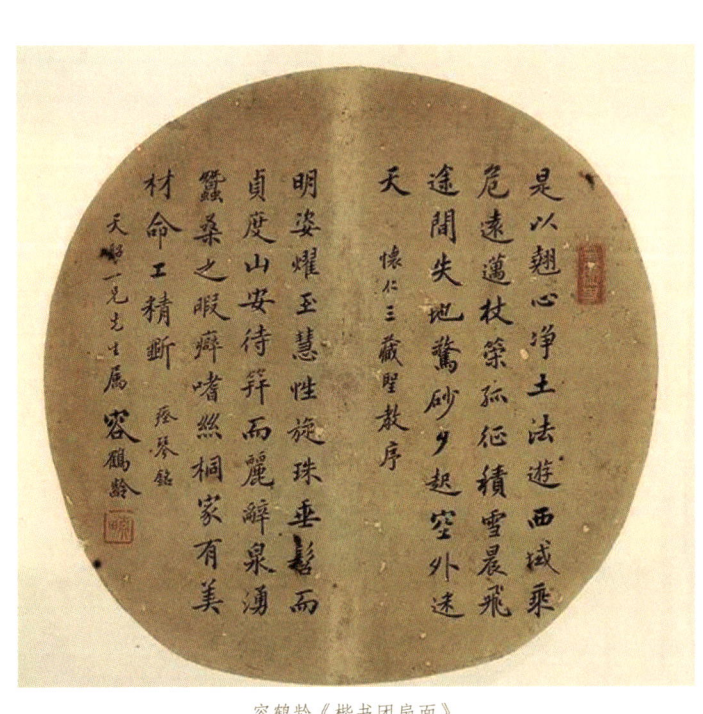

容鹤龄《楷书团扇面》

府学教授，援例为六部补用郎中。他回到老家后，任东莞龙溪书院和顺德凤山书院院长，一做就是十几年。他积极提高书院学术水平，组织凤台诗社，当时莞城的知名人士，多出其门下。虽不为官，但影响力还是相当大的。光绪二十三年丁酉（1897）十一初二病逝。

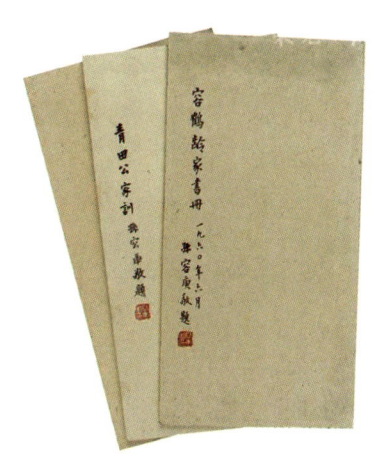

容鹤龄家书册（内含家训）

容庚伯父容作求，字泳南，是庠生。古代学校称"庠"，故学生称"庠生"，是明清科举制度中府、州、县学生员的别称，也就是秀才。容作求虽然是个秀才，但"不乐为章句文字之业"。容庚的父亲容作恭，字邨南，家谱上记载其"志气明决，博闻强记。父钟爱之，欲其以科学成功名"，而他自己"喜治史学，为词洁，藏书万卷，讽诵不辍"。岁考初试第七，复试拔置第一，补廪生。次年科考复列第一，送广雅书院肄业，考选丁酉科拔贡。"廪生"是秀才的一种，指的是有粮银可领的秀才。"拔贡"也是秀才的一种，由各省从秀才中考选、保送入京考试者，一般每府学二名，州、县学各一名。能选上拔贡，可见也是非常有才学的。但他因丁父忧，哀伤过度，卧病不起，几死而复生。光绪三十四年戊申（1908）五月十二日因鼠疫不幸去世，年仅36岁，遗著有《聊自娱斋遗稿》（石印本）。

到了容庚这一代，学者名家辈出，容家达到了家族巅峰状态。在中国近现代史上，一门出数杰的家族有，但不多，容家算一家。在容庚这一辈，容庚在金石界的地位，至今无人能代，只要研究金文的就绕不过他那本《金文编》；他的兄弟容肇祖，民俗学和目录学的先驱，对明代思想史的研究至今仍是断代史的典范；胞妹容媛，也在金

容家的水井今天依然井水丰盈

石目录学拥有相当地位。

容家文脉五代而出学者大家，家学渊源中，除了受容家本家的影响外，外祖家也产生极大的影响。因为容庚15岁时，父亲即去世，家道从此中落，母亲带着6个子女依傍伯父和外祖家生活。

外祖父邓蓉镜，字莲裳，同治十年（1871）辛未翰林，曾任江西督粮道，三署江西按察使。善于听讼，在江西有循使之名，晚年任广雅书院院长。酷爱收藏书籍字画，这一爱好传给了他的子孙，特别是四子邓尔雅。光绪二十八年（1902）逝世。他和容鹤龄是好友，在那个婚姻乃遵父母之命媒妁之言的年代，由好友至儿子亲家是自然而然的事，也是再好不过的婚事，就是谁也想不到容作恭会早逝。

容庚之母邓琼宴幼读诗书，更难得的是性格坚韧。丈夫去世，又逢大家庭经济日益困窘，她毅然独力挑起家庭重担，抚育、教养未成年子女，依附夫兄与外家，经受种种磨难，教育子女读书成长。可以说，如果没有母亲的管教，就没有作为金石大家的容庚。

对容庚兄弟来说，外祖家是亲厚的，他们又跟四舅邓尔雅更为亲近。邓尔雅,字宠恩,号万岁,年长容庚11岁,跟容庚兄弟仨(容庚、容肇新、容肇祖)性情甚是相投,而邓尔雅自己学养丰厚,文、史、哲皆通,青年时留学日本,学美术。他以金石、书法驰名岭南。书法上,工篆隶,刚健婀娜。刻印在南方卓有声誉,名震一时。得以与这样的人物亲近地相处,受益自是无穷。容庚曾这样描述:"舅氏蔼然可亲,未尝见其愠怒之色。且辩才无碍……"在这寥寥数语中,学者的风度与旷达的胸怀可以想见。

三兄弟的学问说是邓尔雅领进门的亦不为过。容肇祖在《容肇祖自传》中说道:

> 我父亲曾在广雅书院学习,藏书不少,舅家书籍也十分丰富……我一有空就到书房中泛览各种书籍。无师自学,对尚未入门的青少年无疑困难是大的。书房藏书似大海,究竟如何把握航向前进,在惊疑和问题困惑着我的时刻,幸舅佼邓尔雅自广州辞去小学教席回东莞居住,他对我兄弟的指导教益巨大,影响也是深远的。

邓尔雅刻寿山石素身印章

一门两大家 五代书香传

容庚家族

邓尔雅节录徐陵玉台新咏序篆书轴

自家藏书再加上外祖家的，再得名师指导，又有极重教育的慈母在旁督促，容家兄弟倍加努力，就这样成长了起来。虽然后面各有各的方向，缘起却在于此。

不出仕，是东莞望族容家的家训。于家族子弟而言，读书不是为了做官，而是求自立。而自立正是独立的前提。身为望族的容家，自觉地践行这一家训，于社会自然是一股有力的清流。

五代书香传
一门两大家

文字学家:容庚

WENZI XUEJIA
RONG GENG

容庚家族

容庚(1894—1983),广东省东莞市人。在书宦之家良好的家庭环境熏陶下,他幼年时即熟读《说文解字》和吴大澂的《说文古籀补》。经罗振玉介绍入北京大学研究所国学门读研究生,毕业后历任燕京大学教授、《燕京学报》主编兼北平古物陈列所鉴定委员、岭南大学中文系教授兼系主任、《岭南学报》主编、中山大学中文系教授等。

从中学生到北大研究生

对今天的我们来说,可能不知道容庚是谁。

但对学习和研究古文字、接触过金文的人来说,恐怕没有不知道容庚的。

今天的我们大多都知道王国维、胡适、鲁迅、郭沫若。而在学术上,我们所知的这些学者名人都看重容庚,王国维是容庚的老师,郭沫若是容庚书信频繁往来的"未知友"。

可以说,在20世纪三四十年代的中国文化界,即便不是研究古文字的,也会知道容庚这个人。因为他的《金文编》实在是太让人惊艳了,不仅让研究甲骨文的罗振玉眼前一亮,王国维看到后也赞赏不已。

青年容庚

这就是容庚。第一次在中国学术界露面,就备受关注。于学术界而言,有点横空出世的感觉,因为之前未听说过有这样一个研究金文的人,而且已到了系统成书的水平。他,从东莞跑出来,捧着一本未完工的《金文编》,然后,一书就定下自己的江湖地位。一直到现在,《金文编》仍然是古文字工作者案头必备之书。

容庚和两位弟弟常读书、篆刻的围桌

容庚,光绪二十年八月初六(1894年9月5日)出生,原名肇祥,又名肇庚,字希白,初号容斋,后改号颂斋,因在古文字中,"颂"与"容"相通。

身为莞城名门望族之后,容庚一出生便受到了家族的重视。6岁入学,十二三岁已熟读经史、旁及诸子,过着世家子弟该过的生活。但随着祖父的去世(光绪二十三年,也就是1897年),家道开始中落。更不幸的是,父亲由此忧伤成疾,长期卧病,于光绪三十四年(1908)去世,那年,容庚15岁,优裕的生活开始与他渐行渐远。

1911年,辛亥革命前后,容庚在广州上过教忠师范、广东高师附中。1913年转入东莞中学,四舅邓尔雅住在他家,使容家兄弟有了金石书籍拥置四侧的环境。因为,四舅不仅书法篆刻闻名四里,而且对篆籀这一古文字也有深入的研究,藏书也很丰富。容庚和两位弟弟每日课余,便跟着四舅习篆刻,探讨刻印上的种种问题。最早写成的《雕虫小言》和《东莞印人传》(后者与三弟容肇祖合作),就是在

容庚篆刻：复堪长寿

容庚篆刻：阴符经室

那时写出来的。

1916年，容庚于东莞中学毕业。这一年，袁世凯窃夺了辛亥革命成果，称帝，历史出现了倒退。这时的容家，在经济困窘时又迎来一个沉重打击——容肇新因胃溃疡去世，年仅20岁。这一年，容庚22岁。身为长子，他觉得应该为家庭分担责任，但又找不到出路，不知道自己该如何做才能对家庭有帮助。彷徨之时，一向感情甚笃的弟弟又去世，对他产生巨大的打击，从而有些自暴自弃。他在《颂斋吉金图录序》里曾有过极其坦白的承认：

弱冠嗜赌博，纸牌、天九、麻雀、骰子、象棋之属靡不喜。闲复吸鸦片、饮酒为乐。母知之，辄痛责，责而悔，悔而改，至于再三。余之不终于堕落者，母之教也……

赌博、吸鸦片，这两样正是当时世家子弟堕落的标志行为。可以想象，这对一心盼着儿子成才的容母来说是多大的打击。但显然，她是颇有办法的，并不是一味责骂。在再三反复之后，容庚终于约束住了自己，排除掉当时社会上的不良影响，洁身自好。他不断地给自己找事情来做。有时跟从二舅邓汝霖、表兄邓懋勋观赏和讨论字画，有时跟从四舅邓尔雅刻印，有时读林纾用文言翻译的外国小说，有时跟着族叔容祖椿画画……

容庚印鉴

在母亲殷切希望和邓尔雅的鼓励指导下，本来对篆刻很有兴趣的容庚，对金石古文字的兴趣大增，而且产生了辑补吴大澂的《说文古籀补》的想法。邓尔雅显然支持他的想法，除了自己指导外，邓尔雅还为他找来各种金石书籍学习。容庚专攻古文字的道路就是在这个时候开始的。1917年中学毕业后，他没有升学，留在家里与三弟一起将现存篆籀文字汇辑为《殷周秦汉文字》。为编著这样一部大型的字书，容庚付出极大的心力。除借助四舅藏书外，还节衣缩食购买《愙斋集古录》《捃古录金文》《奇觚室吉金文述》等书籍，和三弟分工摹写。

一个中学生有此壮志，实在令人敬佩。1917年，容肇祖从东莞中学毕业，因为自己没有升学，容庚认为弟弟必须升学。而此时，邓尔雅也有事去桂林。这样一来，原定计划不得不有所改变。

他的初步设想是写一部扩大吴大澂《说文古籀补》的书，包括金文、甲骨文、石鼓文、玺印封泥文、泉币文，并作考证解释。现在，由于就他一个人，他决定从金文开始入手。在邓尔雅的指导下，他根据拥有的材料进行研究，开始编写《金文编》。集录的字，以商周彝器款识为主，由于诸家著录真伪杂陈，鉴定不易，以王国维《国朝金文著录表》为据。摹写之字，先剪贴影印本罗振玉《殷文存》、邹安《周金文存》，然后再摹，以求逼真。暂时不识之字，附录于后。为了帮补家用，他还在编写进程中，到东莞中学教"文字源流"课。经过几年昼夜兼勤的努力，《金文编》的初稿略具规模。

从少年兴趣,到产生辑补《说文古籀补》的想法,进而以研究古文字为毕生之志,容庚一步步找到了自己的学术以及人生目标,而之所以能把一生托付于古文字学,又跟他做的过程中即有成效息息相关。而之所以能有成效,跟他起点之高有着密切关系。

在那个年代,篆刻非有钱有闲有才情人家才为之,而篆刻在邓家是家传,其十四世祖邓云宵为明万历二十六年(1598)进士,官至四川参议,精篆刻,然后子孙六七代,都能刻印。邓蓉镜能治印,邓尔雅的篆刻驰名当代,兄弟亦精于操刀,在邓尔雅的《绿绮园诗集》中,写道:"一家都解学雕虫","我家篆刻寻常事","刻印吾家至有名"。容庚少时就跟着邓尔雅学《说文解字》与刻印,刻印用的都是篆书,由此接触金文。寻常人家难得一见的金石书籍,邓尔雅家却不少。

有丰富的资料,又有名师指导,定下方向后,四舅邓尔雅还帮他搜集到难得的材料。加之自己的用功努力,从1917年至1922年,历时五年时间,《金文编》初具规模。为了鼓励他,邓尔雅将李清照所写《金石录后序》中的一句:"有饭蔬衣練(shū),穷遐方绝域,尽天下古文奇字之志",刻印赠予他。

可以说,容庚选择"殷周秦汉文字"这道题目,立下研究古文奇字之志,是跟书法篆刻家邓尔雅先生的影响、引导、指点、鼓励分不开的。作为入门的金文,成了他毕生科研的主攻方向之一。其弟肇祖本在同一环境下接受四舅的影响和指导,卒因离家转学英文,没有独力编一部古文字书稿,而在专业志趣上与胞兄产生差异,以后肇祖先生进入北京大学读哲学,从而另辟门径,在思想史研究上做出成就,这是后话。

五年的时间,容庚潜心编著《金文编》,结果除了让这本书初具规模外,对个人心性无疑也是极大的锤炼。自1899年甲骨文首次被发现以来,对古文字的研究开始为人重视,20世纪二三十年代青铜器出土亦较频繁，僻处海隅的东莞获得的资料总没那么及时，北京才是文物荟萃之处。对致力于古文字研究的人来说，北上考察那再好不过的。容庚，亦是如此。

当时，还有一件事情促成了他的北上之行。弟弟容肇祖于广东高等师范毕业后，就去北京想投考北京大学；但因为学潮招考无期，便回到家乡东莞，并应东莞中学校长黎樾廷之聘，到东莞中学任教。彼时，容庚也在此中学教"文字流源"课。黎校长对旧风俗进行改革，开始招收女生。但一学期后，遭到了旧绅的强烈反对，他们向县长控告，说"女生冠首，舆论哗然"。县长罢免了黎樾廷的校长之职，任用高师教务长卢颂芳为校长。容庚和容肇祖都是国文教员，反对继续在中学教书，以示对无理换校长的抗议。俩人商量后，决定继续升学，此时，他们的目光已不在广东，而是北京。

容母本来对此极为反对，因容庚的曾祖就是入京会试后生病，还没来得及返回家乡，就在德州逝世了。这给她留下了极大的阴影，觉得北上对容家子弟不利。但容庚坚持，加之弟弟肇祖也想北上，最终成行。

1922年5月，容庚与三弟一起北上。容肇祖在《我的家事与幼年》中写道，"我们经过天津时，由四舅的朋友写信介绍大哥去见罗振玉，以《金文编》向罗振玉请教"。当时，罗振玉已是名满天下，他嗜古如命，既是最早一个在甲骨文研究方面取得主要进展的学者，又是鉴赏大家。他一看《金文编》，十分赞赏，认为自东汉许慎《说文》之后虽历来有学者研究古篆，而未得有系统成书的，容庚做了他想做而一直没做的事，再三叮嘱容庚，"务竟其成"。罗振玉认为容庚研究古金文，可以造就，主动写

罗振玉

信给北京大学的马衡教授,称赞容庚"治古金文,可造就也"。

这句"可造就也"可说是改变了容庚的命运。有了这么一位古文字学领域数一数二的权威这样的评语与鉴定,等于有了一把打开当时中国学术界的钥匙与一张入场券。马衡亦非常重视人才,接到信后,即派人去找,结果找到了已考进朝阳大学法律系的容庚。马衡看过《金文编》后,认同罗"可造就也"的看法,虽然知道容庚只有中学学历,但《金文编》稿,体例谨严,材料丰富,因此决定不予考试,破格录取容庚为北京大学研究所国学门研究生。

这在今天实在是不大可能的事。但在20世纪二三十年代,不看学历只看真实本事来录用的事,却时有发生。就这样,容庚这位只有东莞中学学历的中学生,竟考试都不用,直接成为全国最高学府北京大学的研究生。这是容庚毕生事业的新起点。

罗振玉不只向马衡推荐了容庚,还当场写了一封介绍函,让容庚携此函见王国维。王国维那时正对中国古代的史料、古器物、音韵学加以考订,尤致力于甲骨文、金文和汉晋简牍的考释。王、容一见如故,聊得非常开心,王国维对《金文编》很赞赏,并为他筹划付印出版。

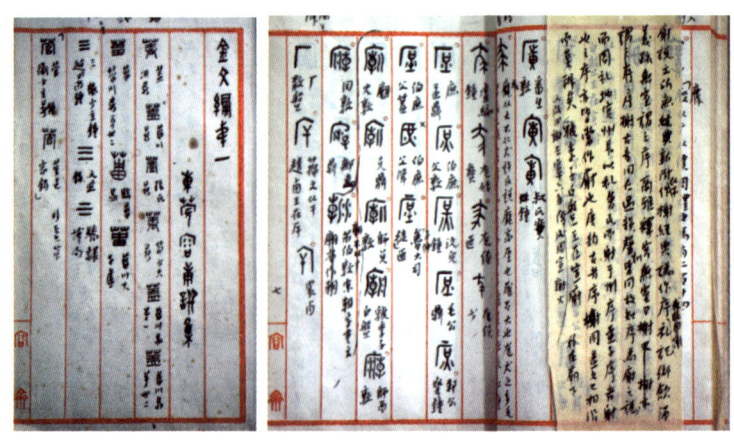

《金文编》初稿

一"书"成名,执教燕大

1922年秋,容庚进入北京大学研究所国学门当研究生。虽然他国学文史基础功扎实,但毕竟跳跃了大学阶段,还是有诸多困难要克服的。容庚对这一机会当然很珍惜,学习非常勤奋。容肇祖在《容庚传》中写道:

> 由于经济需要,他半工半读,当临时书记,月薪8元,渐升为50元。他一面为研究所整理古物,一面增订修改自己的《金文编》。为修正和充实《金文编》,他努力阅读研究所内有关的文史参考书籍,有时到北京图书馆找研究所没有的书,每读一本,他都作了综述和书评。

在北大半工半读时,容庚继续修订《金文编》,得各名师的指导及订正,三易其稿。现存的原稿中,留有各名师批改的字迹。对此,容庚在书的自序中云:"两年之间,毕力于此,……苦思焦虑,几忘寝食;复经罗振玉、王国维两先生及沈兼士、马衡两教授打其谬误。"

1925年春,《金文编》写成。本来罗振玉推荐给商务印书馆出版,但由于当时研究金文的人很少,影印费用较昂贵,商务印书馆最后决定不予出版。罗振玉获知消息后,再次施以援手,自己出资石印几百本,署"贻安堂,1925年初版。"这对容庚是莫大帮助,而且这

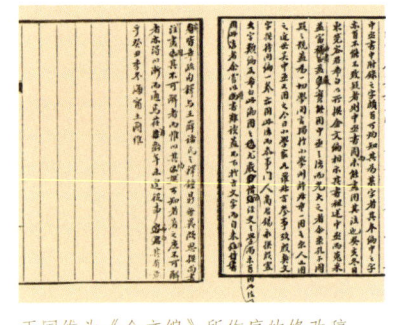

王国维为《金文编》所作序的修改稿　　　　　　　　　《金文编》内页

帮助是实实在在的。罗振玉之所以这样做，一方面是容庚的刻苦攻读和多年摹写排比金文拓本的严谨不苟态度，使《金文编》的价值远远超过当时同类的《说文古籀补》和《说文古籀补补》；另一方面也是罗振玉、王国维、马衡、沈兼士等前辈及师友的鼓励和提携，容庚得以继续留在北京。

容庚编写《金文编》的目的，是为了给研究商周彝器铭文的人提供第一手的史料，便于阅读，因此编写时十分谨慎。在体例上，认为收字太滥、辨别不清，必贻误无穷，所以他在这方面所费的精力是惊人的，付出的努力是巨大的。《金文编》的完成，为研究商周文字开辟了一条方便的道路，是我国第一部专科性的金文大字典。

王国维先生在《金文编》序中说：

今古文日出，古文字之学亦日进，中丞书中附录之字，颇有可灼知其为某字者，其本书中，亦有不能不致疑者。顾未有续中丞书而补其阙遗，匡其违失者，亦兹之缺典也。癸亥冬日，东莞容君希白出所著《金文编》相示，其书祖述中丞，而补正中丞书处甚多，是能用中丞之法而光大之者。

中丞，即吴大澂。其对《金文编》的评价是相当高的。

《金文编》的出版，让容庚一举成名，奠定了他在古文字学术研究领域的地位。在他一生所有著述中，这也是他最为看重的一部。对罗振玉和王国维，他一直心怀感激。他名满天下后，常和人说的一句话是："没有罗振玉，就没有我容庚；没有王国维，就没有我的《金文编》。"对罗振玉，容庚终身都感激其知遇之恩。罗振玉孙子罗继祖在《我的祖父罗振玉》一书中说："容感公扶植，解放后所得《金文编》再三版酬金遗我祖母，以志不忘前惠。"他还说："三人者，解放后皆成名而容庚行最笃。"（三人，指的是罗振玉曾说的三士：东莞容庚、秀水唐兰、番禺商承祚。）

《金文编》到底是一本什么样的书呢？相信大家都用过《新华字典》，有什么字不知道怎么读或不知道什么意思，查一下《新华字典》就能解决。《金文编》的作用与功能跟《新华字典》是一样的，只不过，它里面收集的字不是简体汉字，而是金文。如果你有什么金文不认识的，查一下《金文编》一般就解决了。那，金文又是怎样的文字呢？

也很好理解。铸刻在殷周青铜器上的文字，就叫金文。之所以叫"金文"而不是"青铜器文"，是因为周朝时把铜叫金，铜器上的铭文就叫"金文"或"吉金文字"。后来又因为这类铜器以钟鼎上的字数最多，所以过去又叫"钟鼎文"。看《红楼梦》的朋友可能还记得说到贾家、王家时，常用的表述是"钟鸣鼎食之家"，又有"钟鼎之家"的说法，那是因为商周时，只有贵族才用得起钟和鼎，所以之后就用钟鼎之家来形容富贵宦达之家。

今天的汉字是经由2000多年的使用演变而来的。隶书、楷书、行书，今天的我们都还不陌生，因为自汉代至今一直在用，且字形变化不大。不过，秦、汉之际使用的篆书（小篆），商、周、列国时使用的金文（古籀、大篆）和商代、早周的甲骨文，已2000多年不作通行文字来使用了，跟现在所用汉字差异往往极大，非学不能懂。要了解自己祖先的文化，这些文字也非学不可。这也是为什么国学大师都极看重甲骨文、金文的缘故。

金文本来就非常难懂，即便是在清末民初，普通读书人对其也少有识一二的，容庚却编著出一本金文的大字典，不得不让人称赞。收录进《金文编》的每一个字，均经过容庚详尽的考证。"内容丰富，材料可靠"，这八个字一直以来是学界对《金文编》必不可少的评价，但这八个字背后所花费的功夫却是巨大的。郭沫若在日本读到1925年该书的初版，曾致函于他，谓："《金文编》用力之勤，究学之审，成果之卓荦，实深钦佩。"

更为难得的是，容庚不仅收录金文，还剖析了前人没有认出的四十多个金文，这四十多个金文为世界所公认，也就是说他解读的这四十多个金文是可靠的，是对的。认出一个已经能称之为专家了，他可是认出了四十多个。除了识别出来的字，《金文编》还收有未解读出来的字，感兴趣的，可以去翻翻看。

关于汉字的演变，这里以"戈"这个字来看一下。

从字形上看，可以大致看出戈的形状，长木柄加上横置的戈头，上面有像旁边弯的内，底下有配重和固定的镈。

戈头的形制如上图所示。戈有援，援的意思就是引取，取敌人的首级。援是主要的攻击部位，上下有刃，可以劈，可以啄，可以勾。向另一个方向弯曲的是内，最早的戈是没有内的，例如妇好墓中出土的玉戈，就是没有内的。内的配套是为了平衡援的重力，这样戈可以更灵活地使用。戈有穿，穿的作用就是把戈头固定在木柄上，有二穿、三穿、四穿的制式。穿越多，戈就越牢固。戈有胡，胡的作用是延长戈头跟柄的接触范围，这样可以有更多的穿，使得戈更加牢固。胡的本义就是动物下颌的一块肉，引申为援下面的构件。

戈的大小规定是"广二寸，内倍之，胡三之，援四之"，二寸相当于4.62厘米，那内的长度是9.24厘米，胡的长度是13.86厘米，援的长度是18.48厘米。一般来说，戈的长度在一米到两米之间，适合单兵

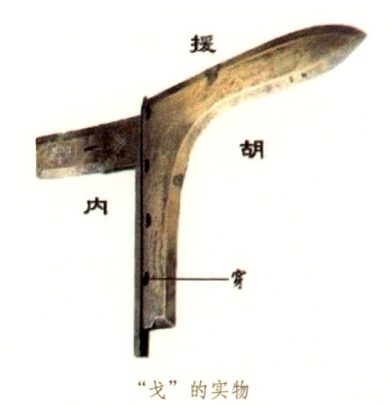

"戈"的实物

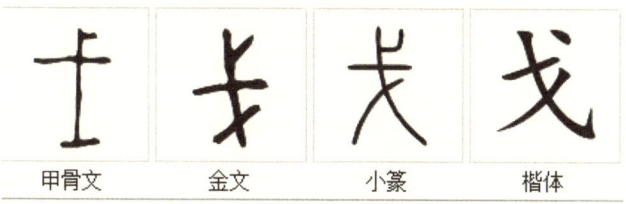

"戈"字的演变

使用。在《左传》中记载"（重耳）以戈逐子犯"，能够这样做说明戈的长度不会太长。

由戈组成的汉字很多，这里顺便说一下：

戒：用两只手拿着戈，表示戒备。

武：就是戈下面一个止，表示脚，引申为去。拿着戈走出去就是武。楚庄王解释"武"为"止戈为武"别有一番意思。

戎：戈下面一个十字，十字就是十（十就是甲）一手拿着盾牌一手拿着戈，就是打仗。

戍：一个人伴随着戈，就是拿着武器驻守。

《金文编》这部书充分吸收了吴大澂《说文古籀补》的优点，在内容和体例上都有突破，是一部内容丰富、材料可靠、体例严谨的工

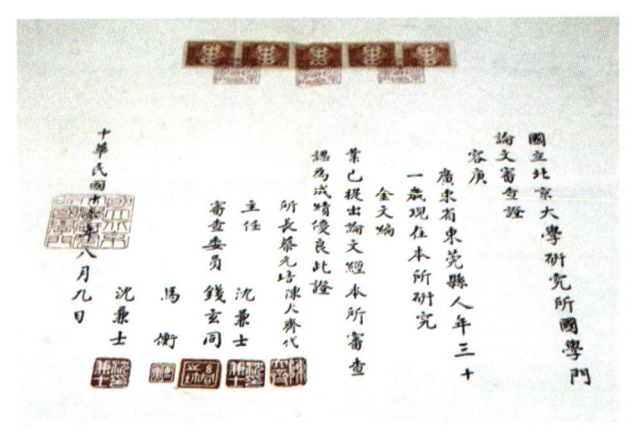

容庚所取得的北京大学研究所国学门论文审查

具书,因而深受学术界的推崇。随后出版的几种古文字书籍,无一不是在《金文编》的影响下产生的。

半个世纪以来,随着考古的新发现和识字水平的提高,容庚先后对《金文编》做了三次重大的修改与增补。年份分别是:1939年、1959年、1985年。加上1925年的第一版,《金文编》的增改整整历时60年时间。特别是新中国成立后的两次修订,大量增补了新出土的材料,共引用器目3902器,正编字头2420号,重文19357个,附录1352文,重文1132个。而最后一次,因先生年事已高,由张振林、马国权参与摹补工作。

自出版以来,《金文编》就是古文字研究者案头必备之书。几乎没有一个研究古文字的人,不从这部名著中获得教益的。历史证明,《金文编》至今仍然是一部学术价值和实用价值极高的著作。

写到这里,回过头来再看一下容庚两兄弟的北上之行。我们会发现,他们的选择显然是对的。

现在讲信息社会,其实不论什么时候,信息都是极为重要的,对学者而言,信息就是研究材料。源源不断的信息,意味着源源不断的材料供研究，这是理想的状态。研究金文的人，来到文物荟萃、大师云集的北京，获得的信息自是偏隅一处的东莞难以相比的，何况还有前辈和友人的鼓励提携，技艺切磋获得的进益与精神享受。

倘若容庚一直蛰居家乡，当然也可以一辈子研究金文，但可以肯定的是，不可能有如此般杰出的成就。可见，呆对地方是非常重要的，这是一个方向性问题。在东莞，他所谋的也不过一中学教师之职，到了北京，却能上朝阳大学，这可是民国时著名的法科大学，是中国政法大学的前身。但也是不能跟当时的最高学府北京大学比的。朝阳大学的教授看到《金文编》的话，最可能有的反应会是无感，更不会因为《金文编》就让容庚免试入读。但北京大学的马衡教授看了，却会震惊，乃至让他免试进北大，读研究生。

《金文编》的出版，震惊了当时整个古文字学术界，容庚这个人也开始为学术界所关注。1925年7月书才出版，9月就接到陈中凡寄的广东大学的聘书，当然是高薪聘请，许以月薪240圆（银圆）。

这是什么概念呢？来看下当时顶尖学者的收入就知道了。1917年8月中旬，胡适就任北京大学文科教授，讲授中国哲学、英文修辞学课程，月薪是260圆，一个月后，北大又给胡适加薪，升职为本科一级教授，薪俸加至280圆。1917年，周作人到北京大学国史编纂处做编辑，月薪120圆，半年后出任北大文科教授时，月薪涨到了240圆。

民国时期，1927年9月12日教育行政委员会修正公布《大学教员资格条例》，其中大学教员薪俸，教授为400至600圆，副教授为260至260圆，助教为100至160圆的标准。

容庚所处的时间为1925年，除去通货膨胀问题，广东大学聘请的职务起码是副教授。当时，容庚在北大任教，月薪50圆，且不能如期发放，他的生活很拮据。现在有这么一个高薪的职务放在面前，要说不心动那是假的。但考虑到广东研究资料缺乏，他一直未作肯定答复。他和马衡教授相商，马从人才前途方面考虑，极力挽留。1926年

燕京大学

3月，正好燕京大学派人来聘，他终于决定不南归，而任月薪200圆的燕京大学襄教授（当时燕大按美国大学职称，分为助教、讲师、助教授、襄教授、教授）之职。

广东大学（中山大学前身）仍不放弃。1927年6月，广东大学副校长朱家骅又两次电请容先生任文学专科教授，除许以数倍高薪外，还答应为其添置4000册参考书。当时容先生复朱家骅信云：

> 忆昔在家治古代文字，苦乏参考书籍。北来始略有述作，匪云有成。去年海滨校长聘庚南归，曾以购书事与斠玄先生相商，盖文字之学非同玄想，书籍不备，学生何所资以为钻研之具，而庚一旦离去北京之书库，亦无异自绝其求学之途。

容庚考虑到南方金石图籍缺乏，商周青铜器更是难得接触，有碍专业发展，仍婉拒所请。燕大校长司徒雷登为表示挽留，7月特越级擢升他为教授。他先后在燕大开设文字学、金石学、甲骨学、考古文字学、简体字等课程，教学之余，勤奋致力著作，并兼《燕京学报》主编，由于学校经费比较充裕，也为他出版专著提供了方便的条件。

事实证明，容庚的选择是对的。因为接下来内务部函聘他为古物陈列所古物鉴定委员会委员，这让他有机会摩挲研究大批未经公布的青铜器，对学术的拓展极为有益，也正是从那时开始，他开始了由字到器的研究。

他在北京呆了20年，这20年，成果丰硕，是他整个学术生涯的鼎盛期。除1939年为《金文编》第二版作增补外，先后出版了《宝蕴楼彝器图录》《秦汉金文录》《中国文字学形篇》《中国文字学义篇》《颂斋吉金图录》《武英殿彝器图录》《古石刻零拾》《海外吉金图录》《金文续篇》《善斋彝器图录》《二王墨影》《汉武梁祠画像录》《颂斋书画录》《伏庐书画录》《简体字典》《颂斋吉金续录》《西清彝器拾遗》《商周彝器通考》等专著，不少论文仍未计算在内。其中享誉国际的《商周彝器通考》费时8年，易稿十多次，才最终完工。这些都是古文字学、古器物学、古石刻、书画等领域中的重要著作。

1934年，他又发起组织"考古学社"，社员遍及大江南北，成为当时考古学界最重要的学术团体之一。他亲自主编了《考古社刊》。

成就斐然。

但也并非一帆风顺。

容庚在北京大学研究所国学门读研究生期间，工资不能按时发放，又要赶写《金文编》交给罗君美（罗振玉之子）出版，压力非常大。于是，少年时赌博玩乐的毛病又犯了。那时，他喜欢与老乡一起听戏、打牌、看电影、上馆子，每个星期一般会聚一二日。白天听戏

容庚（摄于1931年）

看电影，晚上宿于东莞会馆，掷升官图赌博为乐。

开始时，他每赌必赢，但没有超过20圆的，到孙中山去世那时，已赢得百多圆，但后来一次就输去40圆。这敲醒了他，知道得之难而失之易，省悟到这是费时失事的恶习，就决意戒赌。至暑假回乡接母亲去京，这一类的胡闹事也就少做了。

容庚在《颂斋吉金图录·序》中自我评价说："其友人有誉之为精于勤，有毁之为荒于嬉者，皆观其片面而非真也。"可见容先生当做起喜爱的《金文编》等工作来，是很勤奋的，但是他经常要受到青少年时的恶习、经济生活拮据和同乡朋友的影响等方面的干扰。把母亲从莞接到北京，目的在于监督自己，让自己能更快地回到正常的生活轨道上来。显然，自从父亲去世后，母亲的教导与规劝对他有相当大的约束力。

1930年4月19日，把6个子女抚养成人的容母因病逝世。容庚在《颂斋吉金图录·序》中写道：

> 慈母见背，欲养不待，所以报母者，惟当自奋于学，不辱其耳。比年以来，一意撰述，成《秦汉金文录》《武英殿彝器图录》《殷契卜辞》《金文续编》诸书，推阐文字变迁之迹，逆观简体字终当大行于世，颇以此诏诸生。孔子自谓"其为人也，发愤忘食，乐以忘忧，不知老之将至"，庶吾志也。

对容庚那一代知识分子来说，听从母教，报父母恩，不辱祖先，为祖宗争光，无疑是可以成为坚定意志、克服弱点、战胜困难、发奋著述的动力之一。

清宫鉴伪，鉴出青铜史上集大成之作

说起国宝，你会否想起央视那档著名的节目《国宝档案》呢？里面的国宝件件都闪闪发光，最为突出的，是积淀其上的文明光芒，还有那价值连城的估价。哪里收藏的国宝最多？国家博物馆，这没错。清朝时，国家博物馆在哪里？当然是皇宫。

皇宫里的收藏，绝对是好货、真货，否则哪能入了皇帝的眼？这话有道理，但皇帝不是专家，他身边的朝臣水准也不一定高，更何况再厉害的收藏家也有看走眼的时候。所以，皇宫里的收藏，有假货并不稀奇，而且皇宫里的假货往往还隐藏得很深，否则哪能跨过道道宫门，进到深宫。所以，要鉴别皇宫收藏的真伪，非得高水平者不可，而且，非一人之力所能为。因为，皇宫里的国宝不是一件两件，而是一堆一堆的。

对古物研究者来说，能有这么一个亲眼看、亲手摸皇宫藏品的机会，那真是千载难逢的幸事、是莫大的幸福。容庚的感受就是如此。

1924年，直系将领冯玉祥发动"北京政变"，占领北京，并派他的部将率领国民军将溥仪和所有皇室人员逐出紫禁城，把故宫改为北平古物陈列所，于1925年10月10日成立故宫博物院。故宫所藏古器物很多，亟须分门别类，进行整理、鉴定、编目等工作，遂组织古物鉴定委员会。1926年12月，容庚被聘为该委员会委员，编入古铜器鉴定小组。

当时委员中以容庚最为年轻，虽然他对古铜器并不很熟识，但他精通金文，可以通过文字辨别古铜器的年代及真伪。委员会每周在故宫开会一次，古铜器分批在会上鉴定。大家就器物的形制、名称、年代、真伪、铭文等问题，各抒己见。容庚态度很认真，并且敢于同老前辈争辩。人谓真器，他说伪的；人谓商代的，他说周代的。容庚自己后来说，他并非好辩，只是想从争论中学到鉴别铜器的知识。因为人家说是真器或赝品，都要说出其中的理由和根据。而他就在心里一遍遍地咀嚼着前辈同行的解释。

容庚充分利用故宫所藏丰富古铜器进行研究，为了对商周铜器有正确的认识，使大家能明辨乾隆时代编纂的"西清四鉴"（《西清古鉴》《宁寿鉴古》《西清续鉴甲编》《西清续鉴乙编》）的差误，指出伪器占全数十分之三，他编写了《金文真伪存佚表》（发表于《燕京学报》第五期），对研究清宫所藏古彝器起了指导作用。

奉天、热河两行宫的青铜器鉴别，容庚亲身参与整个过程。日日摩挲，几千件铜器鉴定下来，辨伪经验日见丰富。他有感于清代金文真伪杂糅给研究工作造成的危害，于是开始有计划、有步骤地清理传世的青铜器，先后编著了《宝蕴楼彝器图录》和《武英殿彝器图录》等八种图录，总计达八百余器，都是从众多的青铜器中逐件去伪存真、去粗存精地筛选出来的。

他对青铜器的甄别和筛选非常严格，其标准是文字佳、花纹精、形状异以及有益于历史研究。由于他精于考古和鉴别，所以不但能从传世青铜器中剔除出许多伪器，而且能从大批有疑问和所谓伪器中发现和挽救好多有价值的文物资料，恢复它们本来的历史面目。比如：奉天的一批青铜器共798件，乾隆时虽编入《西清续鉴乙编》，但真伪杂陈，他从中选出92器，各记其形制、大小、轻重、色泽，附以照片考释，器藏故宫宝蕴楼，因以《宝蕴楼彝器图录》名之。

热河行宫藏器凡851件，清代未经编录，他从中选出百器编成书，当中不乏瑰丽奇伟之品，如"颂壶""乘舆金缶"等，颂壶的考据与解释长达4000多字。对各家的记载，也详细记录下来并进行解读。陈侯午敦还附上周氏藏器拓本，各器摹拓款识及花纹的精美非他书所能及，为研究纹饰者之佳籍。因时藏武英殿，故名《武英殿彝器图录》。他在该书的自序中说：

前代著书，重文字而忽视花纹，欲考图饰者恒无所取材之叹。故文字与花纹并列，为著录开其端。

以文字与花纹并列，在古器物研究上又提供一种新的途径，这又是容庚新的探讨。

阅尽上千件青铜器后，容庚没有曾经沧海难为水的惆怅，而是积小流以成江河，有着渐成系统的喜悦。在进一步掌握青铜器形制、花纹和铭辞的流变后，他以8年时间，专门从事商周青铜器的综合研究，终于在1941年完成了商周铜器史上的集大成之作《商周彝器通考》（上下篇）。

他认为自宋代以来，有关商周铜器的书很多，800多年来，他们的著作，大概或录图像，或著铭文，或仅解释文字，或间加考证，或

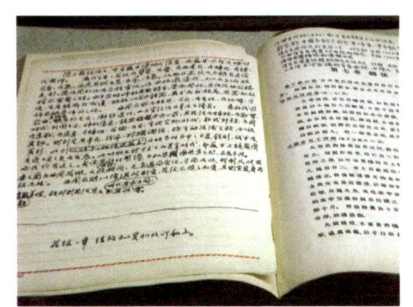

《商周彝器通考》内页

单说一器或一组器物，很少会通为一，写成概括性涉及全面的著作。《商周彝器通考》想解决的，就是这个问题。

此书上编"通论"论述青铜彝器的基本理论和基本知识，下编"各论"按类系器，逐器辨析。每器都记录形制、花纹、铭文、著录等。全书约30万字。文内插图300余幅。下册附图近千幅，材料丰富，征引有据，是一部概括性很强、涉及古铜器较全面的著作。

这部鸿篇巨制是他充分吸收宋清两代金石学研究的成果，并加进近代考古学成就而写成的集大成之作。它的出版让青铜器研究由旧式金石学跨进了近代考古学范畴，是里程碑式的著作。半个多世纪以来，还没有一部研究青铜器的同类著作能够像它这样全面和系统，充分显示它具有无可争辩的科学价值。于省吾给此书作序称：

此书之作，分章辑述，究析原委，甄录载籍，参以己见，揵邃赜，理纷拿，辩群言之得失，成斯学之钤键，洵为空前之创作，稽古之宝典矣。

《商周彝器通考》材料极丰富，考证极谨严，成为国内外研究中国古铜器最受重视的著作，这是容庚在研究上的又一巨大贡献。

彝器，是中国古代青铜器中礼器的通称，也名"尊彝"。如钟、鼎、樽、罍之类。《商周彝器通考》则是对商周两个朝代的青铜器中的礼器进行系统考证后写成的书。也可以说，这是一本关于商周青铜器中礼器的字典。

至此，也可以看出容庚在治学上的一大特点，就是系统化，犹爱字典这一形式。《金文编》是一本关于金文的字典，《商周彝器通考》则是一本关于商周时期礼器的字典。从研究领域上也可以看出容庚的治学脉络，就是由字而器。著名历史学家张荫麟说他治学，"由文字而及器物，由器物而及于史迹"。

一如前面所说，容庚是从辨伪开始对青铜器的研究的。之所以能够沉淀出一本洋洋洒洒30多万字的巨著，跟他治学的态度息息相关。对前人和时贤的研究成果甚至所谓的定论，他也并不盲从，而是以是为是，以非为非。

按常理，后人所见到的出土材料比前人多，可参考的资料和研究成果也多，后世名家的科研成就总在前人之上，但他并不因此而简单跟从采用。这在他参与鉴别清宫青铜器时就有所体现。

博雅好古的乾隆皇帝曾敕命梁诗正等一批名士，利用内府丰富的古物储藏，模仿宋代《博古图录》体例，编纂了《西清古鉴》《宁寿鉴古》，后又命王杰等人修纂了《西清续鉴甲编》和《西清续鉴乙编》。从客观条件而论，乾隆敕撰的《西清古鉴》等书应比宋徽宗敕撰的《博古图录》强，而且《西清古鉴》跋中也曾列举《博古图录》考据失实者数条，自谓"兢兢焉不敢臆说以逞，以是为阙疑传信"。然而容庚并不轻信声明，按常理遽定优劣，而是将《西清古鉴》同《博古图录》在绘图、铭文、考释、鉴别、排比等方面作一番比较后，最后依据事实，得出《博古图录》在上述五方面优于《西清古鉴》的结论。

清宫鉴宝开启了容庚青铜器的收藏之旅。而青铜器的收藏，对他《商周彝器通考》的成书也有极大帮助。

他收藏的第一件青铜器是易儿鼎。此器1928年4月得于北京古玩店式古斋，乃他"藏器之始"，惜未能久存，亦未收入《颂斋吉金图录》中，只在《颂斋吉金续录》陈述其他铜器时，特地说明第一次

栾书缶（容庚赠予中国国家博物馆）

收藏青铜器的时间地点。

他所收藏的青铜器中，最负盛名的，是一件错金工艺的最早期实物——春秋中期晋国大夫栾书所铸的栾书缶（现藏北京中国国家博物馆）。错金铜器，以兵器居多，而铭文字数较少，栾书缶不仅是铜器铸作中的上乘者，而且这一青铜器上刻的铭文达到48个，非常少见，所以他对此器极为珍爱。颈部到肩刻有40个金文，释为现在的汉字就是："正月季春元日己丑余畜孙书也择其吉金以作铸缶以祭我皇祖余以祈眉寿栾书之子孙万世是宝。"他的客厅挂有一匾，即陶北溟先生手笔"晋缶庐"三字，《容庚自传》也只举"错金四十字之春秋栾书缶"作为藏器的代表，足见栾书缶在先生心目中的重要地位。他还刻有"晋缶庐"三字的印章，以记栾书缶的收藏，偶尔用于书法作品上。

除栾书缶外，还有不少精品，如王成周铃。容庚说："周铃之有文字者，昔人未有著录，惟此一器而已。"1932年秋，容庚得山西长子县出土的乍宝鼎，色泽甚为特别，他记述道："五色相宜，斑驳陆离，然以红绿黑三色为多，蓝及灰白色次之，黄色罕见。此鼎色如蒸栗，口耳有蓝斑，尝见古彝器数千，未有若斯者也。"

他收藏青铜器，并非为收藏而收藏，而是为研究古文字、铜器提供实物材料。若是单看别人的著录，有时是发现不了问题的，他通过对自己藏品的细心观察，发现问题，甚至可纠正他人的失误。例如在研究仲姬鬲时，发现从前著录的铭文因铜锈而造成误释，指出《愙斋集古录》《善斋礼器图录》将"姬"字误为"汝"字，并纠正《三代金文著录》错将此器判为伪器之误，容庚还根据汉代鼎器耳旁及盖有铭的特点，经过细心去锈，发现所藏楚器王蔑鼎二耳皆有凿铭，为之狂喜，因为这一发现，为研究楚文字提供了新的材料。

容庚收藏青铜器，在研究之余，也能调节自己繁忙枯燥的学术生活，怡然自得，暂得少憩，增加生活的情趣，他曾得诸儿觯（zhì，古代酒器），原是善斋的藏器，因"善斋藏器富，其于花纹铭文未暇洗剔，比归余斋，浴以清泉，敷以山楂，绿锈去而铭文显，焕若神明，非复旧观矣"。大意是说，他买到这个装酒的觯以后，用水洗干净，又拿山楂来除上面的锈后，竟然看到了铭文，而且非常漂亮，真是太让人惊喜了。若是遇到了制作特别精致的，虽不属商周秦汉之物，也摩挲不已，怡然自乐。他所藏银质鸡彝背负尊，中空可载酒，卖此器的人言出于洛阳某宋墓中。古器铜制者多而银制者少，此器形制精巧，案头清供，颇饶逸趣。有时因得到某器，与清宫藏器和名收藏家作比较，竟毫不逊色，荣幸之情油然而生。如先生曾得五件有铭的商代铜爵，而清宫所藏，据《西清四鉴》所著录不过十件，清代达官、大学者阮元曾对朱为弼得三件而羡慕不已，说"商器得一已足宝贵，况何其三……持此三爵而饮之耶？"容先生说自己得了五器，"视朱氏所藏过之，宁非幸耶！"为此引以为自豪，获得精神上的满足。

古有破镜重圆之说，这不过是小说家编造的悲欢离合的故事，而容庚收藏的一只一分为二的汉代耳杯却是现实中实实在在的真事。那是1931年，他在古玩摊上购得残杯半只，有铭"丞不败利"四字，后来又在琉璃厂得到另一半，有铭"厚世"二字，合起来乃一完整铭文："丞（承）不败，利厚（后）世。"此杯能得"重圆"，实属天作之合。

中国人发掘，日本人研究？

容庚一跃而为燕京大学副教授，一年后又升为教授，他将妻儿接到了北平。上课之余，偶尔到琉璃厂逛逛，看到合适的商周铜器就尽己所能买回去研究，有时也买点广东古代画家的东西，生活平静而美好。

但好景不长。1931年"九·一八"事变爆发，军阀混战，国无宁日，民生凋敝。国势如此，容庚忧心日重，感慨自己一介书生无法执干戈卫社稷。《秦汉金文录》成书于"九·一八事变"两个月后，容庚做序云：

> 此书成，继之而作《续金文编》，乃吾志也，不敢告劳。然吾之先正当甲午中日之战，黄海海军相遇之前，先子赋诗云："时局正需才，生男亦壮哉。高轩一再遇，都为试啼来。"今者岛夷肆虐，再入国门，余不能执干戈、卫社稷，有负祖若父之期许。"国耻未雪，何由成名"，诵李白《渴滩篇》，不知涕之何从也。"雄剑挂壁，时时龙鸣"，余宁将挟毛锥以终老邪？

他对日寇侵略我东北，而当时当局又采取不抵抗政策，节节败退，十分愤恨。燕京大学学生组织燕京大学抗日救国委员会，容庚积极支持，他和郑振铎被聘为顾问。在他指导下，编了一本小册子

《九·一八事变记》，分送海外同胞，激发了华侨的爱国热忱。他又发动十大教授募捐，支援救国运动，并主编《火把》白话版通俗刊物，带头为刊物写文章，唤起群众的爱国热情。

他还将日本关东军发动"九·一八事变"的侵略有理布告的印件一直保存着，以示不忘国耻。

特别让他愤怒的是外国人趁火打劫、巧取豪夺中国的贵重文物。当看到自己国家的珍贵古物外流时，他痛心不已。就把自己写文章所得稿费和节衣缩食攒下的钱，去购买一些有价值的古物。他的想法是以一己之力，尽力减少国宝外流的数量，并为研究准备材料。他在1933年出版的《颂斋吉金图录·自序》中说：

> 商周彝器非寒士所敢望，然环顾宇内，干戈扰攘，所出日多，政府莫能禁，有博物馆出而购求者乎？无有也。此种种者不流海外，将安所归？抱残守缺，亦余之责也。嗣是厂肆时有游踪，力所能购，间取一二。金有不足，或舍旧而谋新，即易儿鼎，亦不能久存。若留信宿计无所出而还之，与德父夫妇（赵明诚、李清照）同惋惜者比比也！

实在是因为他懂，知道那些商周彝器的价值，自己老宗祖的东西竟一件件被外国人买走，让人痛心。可一己之力毕竟太有限。

为了不让宗邦重器外流，他以购藏古器、研究和刊布我国古物为己任，呼吁朋友同好共同来做，希望尽量减少中华民族古代文化精萃的流失。为此，1934年，他发起组织第一个考古学社，同时出版《考古社刊》。在《考古社刊》第一期，容庚发表了《考古学社之成立及愿望》一文，阐述了考古学社的宗旨，从中可看出他对古物外流是很痛心的，他说：

> 海通以来，我国古物多增一厄。异邦豪商达官，附庸风雅，斗夸鉴藏，挟其多金，来我中土，背我法禁，蔑我舆情，巧取豪夺，捆载

"蟠夔纹鼎"（春秋）
容庚捐赠，现藏于广州博物馆。其腹部作蟠虺纹两道，中夹六出花纹，两旁作兽首衔环。盖为近代仿作，口缘作蟠夔纹一道，正中做六出花纹。

以去。凡名家私藏之散落者，地下故墟之发现者，岁岁流出，永不复归。……遂使嗜古之士，于宗邦重器，希世遗珍，欲一望影迹而不可得。事有可慨，宁有过是？欲平此憾而弥此失，吾人亟宜申原主道义上之权利，搜集此等景本，择优重印，廉价流布。

可见，考古学社成立的目的，留住自己国家的古物是首要，考古反在其次。

尔后，他在反映日本劫掠我国古器物的书籍中，选有重要价值的古铜器，著录158器，出资照相，编为《海外吉金图录》。1935年4月为此书作序说：

民国以来，故家零落殆尽，惟攀古楼、澂秋馆两家独存，已不无散失矣。军阀构祸，国无宁岁。关、洛之民，困于饥饿，或掘墟墓，取所藏以救死，政府莫能禁。异邦之有力者，挟其多金，来相购取。于是古器外流，遂如水之就壑。……九·一八之难作，乃蹶然起日："宗邦重器，希世遗文，欲求印本而不可得。人方劫掠我文物，倾覆我国家，吾不学为耻耳，乃效尾生之信，以翻印为耻乎？

周代"仲姬盙"（陕西出土）
容庚捐赠，现藏于广州博物馆。其腹部作斜线纹，有三棱。口旁横刻"中姬乍盙"。

愤然之情，溢于言表。

时日军在东北步步进逼，有些日本学者依仗国势，信口雌黄，散播"中国出土，日本研究"的言论。容庚用自己的实际行动进行针锋相对的反驳。

他对日人滨田耕作在《泉屋清赏·总说》中讥笑中国古铜器研究是"依自来之传说，比图录，信款识，依习惯而定其时代"的言辞——予以驳斥。指出滨田耕作"将多数之周器属之于汉"，把《者沪钟》的"隹戉十有九年"读为"惟岁十有咮"，而不知在晚清中国学者已识"戉"为"越"，"窃疑彼（指滨田）于吾国人著作尚未多窥，其识乃在'比图录，信款识'之下"。

针对"中国出土，日本研究"的欺人谬论，容庚经过八年的艰苦研究和职聚，终于在1942年编写完成《商周彝器通考》，对中国古铜器进行了全面的考证和论述，用学术成果对日本人的谬论进行了有力回击。在他以后几十年的教学中，他常这样鼓舞学生来学习古文字："日本人曾侮辱中国，说中国人发掘，日本人研究。我们总不能让外国人来笑话我们，我们自己祖国的古代文化，自己不研究，难道让外国人研究吗？"

1937年7月7日卢沟桥事变后，日寇大举侵华。国难当头，蒋介

五代书香传
一门两大家

容庚家族

周代"母簋"（洛阳出土）
容庚捐赠，现藏于广州博物馆。其腹、足各有
饕餮雷纹一道，两耳作兽首状，腹内刻有四字铭文。

石采取不抵抗政策，而民众的抗日呼声响彻全国。此时容庚已是名扬国内外的研究古文字和古铜器的专家，其时已经四十多岁了，热血沸腾的他办了几期《火把》小报，呼吁抗战，并被推举为燕京大学教职员抗日委员会主席。他曾考虑撤往西南，在日寇进入北京前夕，还想同青年一起上太行山参加抗日游击队，并且已做了一些联系和准备工作，后因家小安置和对书籍、专业研究的留恋而未果，结果留在沦陷的燕京大学，继续从事《商周彝器通考》的著述。

沦陷区的生活是抑郁的。1939年4月，容庚在《兰亭集刻·序》中说：

然读羲之登冶城告谢安"四郊多垒，宜思自效"之语，远想慨然。观者当于羲之登临放怀之际，不忘忧国之心而有得焉，无徒赏其书法之神逸已也。

唯有理解王羲之忧国之心，才能感受到其书法中的神韵。这说的是王羲之，又何尝不是他自己的忧国之心。

进入抗战第四年，日本向英美宣战，战云漫天，燕京大学关门。图书与铜器不易搬动，进入内地殊不容易，又不愿在日伪学校再当教师，容庚便离开燕京大学，搬出校园，自谋生计。战火进一步在中国的国土上漫延，书生有气无力，一家数口，唯有利用自己鉴别古物的能力，拾拾漏。别人看

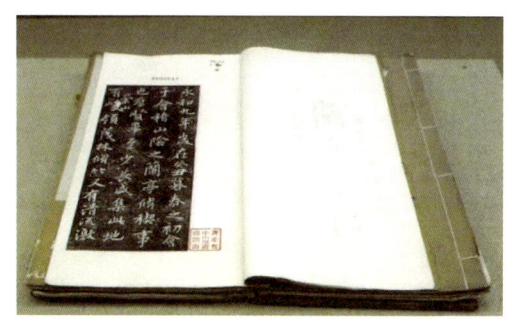

《兰亭集刻》，1939年摹印本，现存于广东省立中山图书馆。

走了眼的，他以平价购入，十倍其利放出去。生计终是维持了下来。有些字画价格太贵，买不起，他便借回家通宵临摹。此时，幸还有可谈书画的友人，让沦亡的生活不至于那么难过。

女儿容璞回忆说："抗战期间，我们全家在沦陷区北平。爸爸不断用爱国主义思想教育家人。他坚决反对家人购买日货，哪怕是一点点生活用品，也绝不允许，如果发现我们买了就一定要我们销毁。有一次，我从外面回来，手里拿着一个精致的小花篮，爸爸看到，问是哪里的，当知道是日货时，让我马上把它扔了。"

容庚是一位学者，埋头于学问，但他同时是一位有血性的学者，作为一位研究古文化的学者，他的家国观念非常重。这从"九·一八"事变以来他的种种表现可以看出。他恨不得拿枪上战场保家卫国，但一介书生手无缚鸡之力，唯有以自身专业所长来报效国家。

他想过到西南大后方去，但儿女幼小又众多，经济困难且南下交通阻塞。然而这些都不是他考虑的决定因素，最使他难以割舍的，是他的事业上有关的研究资料，他的未完成的著作草稿、珍贵书籍、古物无法转移和保存。这些是他的事业基础。他不能抛弃这批珍贵的古铜器，这是国家的宝藏，他认为绝不能从他手里丢失。又因为当时任教的燕京大学是教会学校，日方不会接管，学校是独立的。这样一来，就留在了北平。他运用他见到的和掌握的资料、古物、书籍，不

知疲倦夜以继日地闭门著述,写出"空前之创作"《商周彝器通考》《颂斋吉金续录》《西清彝器拾遗》《颂斋读书记》等。这些著述为研究我国古代文物历史作出了不可磨灭的贡献。

抗日战争胜利后,国民党教育部认为抗日期间留在北京的教授是"汉奸",予以解聘。容庚激于义愤,发表致傅斯年的公开信,历述几年来知识分子为抵制日本的奴化教育,保存中华文化而坚持教育岗位、培养学生的事实,抨击国民党反动派的无能,不但不能保护知识分子,还反诬他们为"汉奸"。这封信于1945年11月7日在北平《正报》发表。这封信,对抗战期间沦陷区的相关情况有客观陈述,对今天我们了解当时的情况颇有帮助。

比如,可以了解如容庚一样的知识分子为什么在沦陷区也一样上课——

> 沦陷区之人民,势不能尽室以内迁;政府军队,仓皇撤退,亦未与人民以内行之机会。荼毒踩躏,被日寇之害为独深;大旱云霓,望政府之来为独切。我有子女,待教于人;人有子女,亦待教于我。则出而任教,余之责也。策日寇之必败,鼓励学业生以最后胜利终属于我者,亦余之责也。

可以知道沦陷期间,大学里的课程是什么——

> 伪政府之重立三校也,课程依旧,尽先聘任留平之旧教职员。除增日籍教授每院数人,及增加日文课每周数小时外,实无若何之变更。不知所谓奴化教育者,将何所指?日寇之所望于学校者,欲使学生时间一半读书,一半为之工作,则教职员生活所需,皆可配给,遭同人一致之拒绝。吾辈多专心教书,而兼政府职务者甚少。剧秦美新之文固优为之,然而藉以媚日取荣者亦甚少。日寇之不得逞于教育

界，自沦陷以至于今。

可以知道沦陷区的教师的生活是什么样子——

教授最高之月俸，曾不足以购百斤之米，或一吨之煤。故破衣恶食变卖书籍家具以为生者比比皆是。兼任讲师者，受苦犹甚，至有步行者往返四小时于道路而授课二小时者，其所得远不如卖烟拉车之辈为优。

并回答了为什么生活这么困苦但仍然去上课的原因——

艰苦卓绝，极人世悲惨之境，果何为乎？固知吾国之不亡，教育之不当停顿，故忍受而无悔也。

……

这封信发表后引起了广大知识分子的强烈反响，但于当局却犹如石沉大海一般。1945年11月28日，北京大学代理校长傅斯年于《大公报》发表声明："北大将来复校时，决不延聘任何伪北大之教职员……"同年12月8日，傅斯年接受北平《世界日报》记者专访，记者是这样描述采访中对他的感受与印象的："北大代理校长傅斯年先生，对伪北大教职员，好像抱有一种义愤填膺、不共戴天的愤怒。"

容庚所言在情在理。相信随着人们对抗日期间沦陷区教育情况的日益了解，会有越来越多的相关事实供人们判断何为"节"以及有没有"失节"。虽然，这根本不是个问题，政府无能，保护不了自己的子民，非但不感到愧疚，还反过来说子民不忠。面对这样的逻辑，现在流行的一句话倒是很适合形容——也是醉了。

"回岭南后,没写过一个字"

可惜,容庚还是失业了。

尔后,容庚经华北行营主任李宗仁推荐,受聘为广西大学教授。半年后,他回到广州,任岭南大学中文系教授兼主任。在广州停留期间,岭南大学校长李应林聘他为岭南大学中文系主任,后又主编《岭南大学学报》。1952年院系调整,任中山大学中文系教授,直至1983年3月6日去世,南归前后达37年。

据女儿容珊回忆,1947年暑假,全家从北平回广州。当时姐姐容琬已经大学毕业,在天津工作,哥哥容瑶尚在北京大学读书,其余兄妹与母亲被父亲接回广州。一路上旅途非常辛苦,先是从北平乘火车到天津,再乘海轮到香港,最后回到广州。容庚当时将数百箱书籍交邮局搬运,自己最为珍视的部分彝器、字画则带在身边。到香港时,港英海关有意刁难,将彝器、书画等开箱检查后不愿放行,并公开索价按件要钱。

回到岭南,青铜器的收藏非常困难,他在《颂斋书画小记·自序》中称:"回粤三年,仅得一'陈侯午敦'。"容璞说,当时的广州,甚至于连求一个拓墨的人也不容易。由于环境的改变,他的学术研究不能不随之而有所更易,注意力逐渐转到碑帖书画方面上。古文字、古铜器方面,则只能做些修改、补充的工作。如《宋代吉金书籍

《丛帖目》稿本

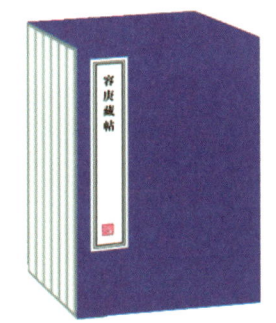
《容庚藏帖》

述评》《清代吉金书籍述评》，即据旧作改写而成。《金文编》第三版和第四版的增补以及《鸟书考》的综合旧作、汇补新得，就是补充一类的例子。这些工作，耗时不少，贡献也是有目共睹的。也有为普及而作的，如《殷周青铜器通论》（与张维持合作）即属其例。本来，1962年容庚曾与张维持、马国权、曾宪通遍历14省市，对新发现的商周彝器作过系统调查，并编成目录，拟就《商周彝器通考》大加增补，可惜"文化大革命"爆发，计划无法实现。

《丛帖目》是容庚岭南时期的最大成就。他在1931年就开始对丛帖进行研究。20世纪50年代初游北京时，法帖不为藏家重视，还未流行起来，有用以作爆竹的原料的，碑帖铺均以贱价出售，他深恐先贤遗宝难以保存下来，便广为购求，捆载以归。然后用了多年功夫，一一记录研究，又借着出差的机会，到各地图书馆、博物馆借阅未见的丛帖，考定各帖的价值和问题。每部丛帖罗列子目、序跋，另附撰集者、摹刻者小传，备引帖学名家评鉴并补己见，历时三十余年，成洋洋百万余言，初名《丛帖考》，后易名《丛帖目》。该书可以说是自宋《淳化阁帖》以来近千年所刻丛帖的一大总结。

容庚藏帖的价值现在日益为后人发现。2015年，帖学研究史上一部空前巨著——《容庚藏帖》在广州南国书香节首发。这套书是容庚从历代书法名帖中精选各类善本、孤本而成，其书法鉴赏及收藏价值空前。2012年，容庚藏帖项目被纳入"十二五"国家重点图书出版规划项目和国家古籍重点出版项目。此后该项目顺利纳入2014年度国家出版基金资助项目。

容庚毕生著述，先后编撰专著32种，论文94篇，合共约800万字。大抵在北京时所撰约300万字，南归后写成的近500万字。前面提到，稿成待刊的，粗略统计当在300万字左右。他读书惯作书评、眉批、旁批，其中不乏精辟见解，或加钩稽整理，这也是一份值得重视的学术遗产。

南归后的容庚过得并不舒坦。

他认为他所做出的成绩，主要是在北京，曾慨叹说："我的著作，是在北京燕大时编写的。"又说，"余南归四年，以事务劳其神，以衣食撄其心，鲜读书之暇，无从旅之人。"

尔后，他常说自己"解放后没写过一个字"，或"回岭南后没写过一个字"。事实上，新中国成立后他发表过不少论文，出版过《殷周青铜器通论》《金文编》第三版，还有上百万言的《丛帖目》以及《颂斋书画小记》等手稿，可为什么老说自己没写过一个字呢？

有一次，学生陈炜湛直接向他提出了这个问题。他说："那些怎么能算呢？书和文章都是新中国成立前写的，现在只是作些修改补充或改写而已。至于书画小记之类，只是玩玩而已，不能算数的。"这就是"一个字"的含义与分量。对一个学者来说，所谓新的贡献与建树，是有创造性的论著。这就是容庚对自己的要求。

"没写一个字"的说法与感受，跟他的志向也有关系。容庚自己说过"平生以研究古文字古铜器为毕生之志"。他的书房一直以来挂的是那块"五千卷金石书室"的匾。学生张振林回忆说，第一次拜谒希白师（容庚），是1957年国庆前的一个晚上，一进入"九如屋"客厅，他和十几位同学不约而同好奇地盯着客厅和书房四壁的藏书，以及挂在大窗上面的"五千卷金石书室"横匾。当时容庚告诉他们,家中所藏,除了少数是朋友所赠的文史著作和孩子们的说部外,多数都是金古书籍,若论藏书,早已超过万卷,"只因平生志在金石,多藏金石书籍,故称金石书室"。海内外私家藏书中,如此专于金石并且达到富逾五千的恐怕未有。

20世纪50年代的容庚(摄于中山大学西南区54号花园)

学者最看重的藏书,他收藏得最多的金石书,可见志向确在于此。当这方面没有进展时,即便在碑帖书画方面著述煌煌,因不在他的学术范围之内,所以别人眼中的"巨大成就",到了他眼里就是"玩玩而已"。

不过,后来学者认为,容庚对自己的要求实在太严太高了。

事实上,严,正是他一生治学中的最大特点,也是最受学术界称道的一点。

王国维为《金文编》初版写的序对这一点特加称许,说容庚释字谨慎,书中立说大多可信。马衡的《序》曰:"其赅博矜慎之处,视吴书(按:指吴大澂编《说文古籀补》)有过之无不及也。"因为书中所列的字稍涉疑似即入附录,根本不出现在正录里。《金文编》第二版、第三版以及现已修订完毕的第四版,都保持着这一特色。唐兰等一些专家曾不止一次地批评他过分保守,认为附录中有许多字已无

容庚和弟子们在一起

可怀疑。

他的学生张振林也曾向容庚提出过一批附录中字的释读问题。容庚取出他自己收藏的第二版,翻出各家的批语给张振林看,说:"有的字你认为可识而我不认识,有的字他们认为认识而我不认识,怎么办?所以我还是把它放在附录。"这就是容庚治学上的严谨态度。他认为,编纂字典的目的,主要不是参加百家争鸣,而是抉取文字科研成果供人查阅,供后辈学习,收字若滥,辨别不精的话,必贻害无穷。

读容庚的书,你会有很强烈的博、专、精的感觉。无论是专著还是论文,都使人感到有广博的知识作基础,有众多可靠的材料为专题服务,考据论证精深入微,所以他的书籍、文章,历数十年而基本价值并不稍减。随着出土文物的不断增加和研究的不断深入,人们可以不断开辟新的研究领域,但对他的著作,只能做枝节的修改或补充,而无法改易其基本内容及主要结论。

可以说,严谨之外,系统化是容庚治学至为突出的特点。达到这样的成就,跟他做学问的方法又息息相关。

他常对学生说："我的方法是土法上马,从抄《说文解字》开始,然后抄读《说文古籀补》《缪篆分韵》等书。你们也可以先抄《说文》,抄完九千三百五十一个字后,再抄《金文编》《甲骨文编》。"他谑称为"土法"的抄读法,是我国传统的启蒙识字法中的一种。哪怕是大学毕业生,若要认识古字,掌握古文字的结构,"抄读法"也不失为一个有效的方法。《说文解字》是东汉许慎编纂的以小篆为分析对象的我国第一部字典。它是学习古文字的初阶,也是通向释读金文和甲骨文的桥梁。按他的"土法",从经过规范的小篆入手,有《说文》的字形分析帮助,由近及远,由易至难,在抄读过程中,眼、手、口、脑同时并用,对小篆、金文、甲骨文的偏旁结构、主要异体,都会留下深刻的印象。有这些抄读的功夫垫底,然后再看古文字的原始材料及有关考释时,就方便快捷多了,也不易被某些旁征博引和音韵通转掩盖下的臆说胡猜牵着鼻子走。

如何找书读呢?容庚的方法是主题先行。

在教学中,他喜欢问学生:"你准备选择什么题目来做呢?"这是因为要先确定专业方向和选题。没有方向,没有范围,东看一本,西翻一页,碰到什么书就读什么,最后将一事无成。他说:"有了题目,就将有关的书籍、论文找来,一本本地读,每读完一本就写一篇书评,到后来就会发现先前读书理解不深,先写的书评有许多需要修改补充。读完了有关的书籍文章,就等于掌握了各种肉菜和油盐佐料,下一步则要看各人的本事了。名厨师可以凭借这些材料做出各式各样色、香、味俱全的好菜来。差一些的人,只要不懒,也可以或炒或煮做些家常菜,不至于毫无收获,若注意钻研,熟而生巧,也可成为厨师。这就是研究著述的功夫,各人奥妙不同。"

他曾跟孙子容国濂说过自己的买书、读书、用书之道,"买书,我系劏猪嚟罗旧肉"。不懂广州话的人可能不懂这句话的意思,翻译为普通话就是:买书,如宰猪,为的是取其中的一块肉罢了。买的书，不见得整本都有用，只要其中有自己需要的内容，就可以买下来以备用。读书也是循此道，浏览是为了"劏猪"，得精彩之章节则是"罗旧肉"之乐。说的正是占有材料、使用材料的问题。在他的学术生涯中，始终以搜集原始材料为第一要务。如20年代中期，他倾注全部心力收集金石书录，每月以薪酬的一半购置金古图籍，南归时家藏图书200多箱，号称"五千卷金石书室"。他撰写的大量金石研究的论著，主要取材于此。

容国濂说，祖父的书非常多，进到家里，眼里看到的只有一样，就是书。客厅、饭厅、通道，就连楼梯的拐角，除了不得不留给人生活的"方寸之地"，与他相伴一生的书籍、字画占据着楼房的几乎全部空间。而容庚藏书，不是摆设，也不是为藏而藏，而是为用而藏，他的书都与他的研究有关，书在他的手里，可说是物尽其用。他120多万字的《丛帖目》就是依据家中藏书而写就的。

大师在一起也时常会斗气吵架

王国维、马衡、郭沫若、商承祚、于省吾……在近现代中国学术史上，无一不是独当一面的人物。他们跟容庚都过往甚密，于他们，"谈笑有鸿儒，往来无白丁"是真真切切的事。那这些大家在一起，喜欢谈什么呢？下面挨个来看。

一是一起做事业，互相帮忙。

这是自然而然的事。虽然学者各自思想都很独立，不过如果是彼

1948年容庚（三排右二）和岭南大学同仁合影

此都感兴趣的东西，也是可以一拍即合的。比如说甲骨文。

甲骨文出土不久，王国维、马衡、陆懋德等到处讲演，宣传甲骨文之发现及其意义的时候，容庚也写了《甲骨文字之发现及其考释》一文，登在北大《国学季刊》1卷4期（1923年出版）。1929年，容庚又为燕京大学从德宝斋购得徐坊旧藏甲骨1200片。从中选出874片，命工墨拓，与学生瞿润缗共同编为《殷契卜辞》一书，释文由他与商承祚、唐兰、董作宾、魏建功等共同校订，又命瞿润缗为文编，于1933年石印出版。这种结合朋友专家共同编辑释文的例子，在整个甲骨文的研究中是从来没有的。《殷契卜辞》出版，石印本一函三册，定价十元，胡厚宣说，他当时在北大史学系读三年级，同学买，可以打五折，五元。同时商承祚先生出版的《殷墟文字类编》刻本一函八册，定价十二元，同学买打六折，七元二角。这两本书很受同学们欢迎。

1926年，河南小屯村人在村长张学献家菜园中挖出不少甲骨，均为明义士买去。1928年夏，明氏归国，容庚及马衡为他觅工墨拓，共拓五份，明氏自留三份，而以其二份赠容、马两位。容庚所得拓本，叶玉森、董作宾、商承祚、唐兰等皆曾借去观看，唐兰还选择重要的摄影做资料。

学者做研究离不开资料。所谓巧妇难为无米之炊，对学者来说，研究领域的资料就是"米"。当时中国顶尖学者之间互通材料的情况较普遍，可谓古风仍存。

比如郭沫若。在日本十年，研究金文甲骨文，苦于材料奇缺，以"未知友"身份向容庚通信，求借一些难得的书籍。容庚根据郭沫若研究工作的需要，曾寄给他《殷墟书契前编》和一些图书资料及新发现的甲骨文、金文的拓片。这样的通信，郭沫若写了56件，内容都是关于研究甲骨文、殷周金文的商讨。郭沫若后来回忆这件事时曾说，要是没有容庚的帮助，他走上研究金文的道路恐怕也是不可能的。

1982年，容庚与中山大学教授商承祚（左）合影

比如胡厚宣。抗战胜利后，他回到北平，见到分别已久的师友都帮他搜集抗战期间流散在北平天津的甲骨文字。在天津遇到谢午生先生，他把自己"元嘉造象室"的全部甲骨四五百片，让胡厚宣从天津带到北平，请人墨拓。于省吾把所藏全部甲骨实物和拓本，让他带到寓所，一片片仔细摹录和研究。而和他来往更多的容庚，则经常进城看望他，把自藏的甲骨交给他摹录和墨拓，后来爽快地把自藏的13片大片甲骨，捐送给了胡厚宣《甲骨文合集》编辑组收存。

二是比眼力，索让各自藏品。

容庚自己是个古文字学家，也是个收藏家，不只收藏字画，连青铜器也有不少。而来往朋友中，最密切的当然也是古文字领域的，而且个个都是专家中的专家，比眼力的事就很常见了。

最常见的就是和商承祚比。俩人一见面，把最近所得的古器物一摆，就开始品评了。一个说真，另一个说假的。然后，就是各有各的理由，各不相让，然后各自声音的分贝都飙升，不了解的人以为两人要打起来了，而两家人都见惯了这样场面，淡定从容，该干啥还干啥。

有一次，容庚正在鉴赏一物，上镌四字，高兴之极，见商承祚来了，兴致勃勃地大谈此物的妙处。商承祚说，几天前见过此物，因器真字伪而未买。容庚不信，又争论起来，商举证上面刻的四字是仿自某钟的，并且当场查阅该器，证明确伪，容庚不得不服。过了半个月，容庚兴奋地对商承祚说："我把那件假古董卖了。"问他卖给谁？答："卖给美国的福开森。"

商承祚在记述容庚的文章《我与容希白》中，写道："我与希白经常讨论的问题之一是器物的真伪。希白于古文字研究造诣颇深，我不及他；而于辨伪鉴别则他不如我。我初购铜器，每受沽人之欺，经过不断研究，日有所得，希白是无切身之痛的。我谓伪，他谓真，各不相让时，希白事后却认真考虑研究，并不固执己见，此亦希白优点之所在。"

容庚的女儿容璞说，父亲自1922年和商老结识，彼此一直奉对方为挚友，"当然，两人晚年有针尖对麦芒的时候，爸爸有什么提议，商老会有意反对；而商老有什么意见，爸爸也会提相左的说法。其实，两人并不是真的水火不相容，不过是故意像老小孩一样闹点意气罢了"。

容庚在收藏青铜器过程中，有不少有趣的故事，或出旧求新，或朋友间相互索让，或多年后收回旧藏。有买假古董的教训，还有破杯重合的巧遇。

曾有人向他出售有34字铭文的孙叔大簠，这恰好是他搜寻十年而未得的簠之有铭者，遇上了，当然非常兴奋。不过，卖的人要价颇高，自己想买钱又不够，怎么办？这种事容庚常遇上，在自己的收藏中，比来比去，心痛无比地卖了觚觯二件古器后，最后以330元买到这件有铭文的簠。簠是祭祀时盛放稻粱的器皿。在日夜把玩中，容庚还在自己的这个簠里，发现了稻粱粒，进一步证实了这一器皿的用途。

容庚与老朋友商承祚、于省吾之间，常交换、索让心爱的藏品，

容庚收藏的失而复得的越王剑

既交流了资料,又加深了情谊。容庚收藏了两个同铭的叔龟爵,其中一个原是商承祚先收藏的,容庚得到一件后,就向老友商承祚索让,一磨二磨,商承祚同意了,容庚那个高兴,觉得自己一个人就拥有两个同铭的叔龟爵,真是富有啊。当然,他也很感激老朋友的成全。

1931年秋,容庚在式古斋购得陕西出土的越王剑,当时他看到了剑身上的8个鸟书:剑锷廉昨,犹可杀人,但并不知道这就是越王剑。于省吾很快知道他得了一把这样的剑,就找他换。互换收藏这样的事,他们时常有,容庚也没多想就把剑换出去了。于省吾得到剑后,非常高兴,连自己书斋的名字都以"双剑誃"名之。

后来,容庚在日本人原田淑人所著的《周汉遗宝》一书中见到"戉王矛",才明白此剑中的"王戉"二字应倒读为"戉王",是为"越王剑",心中感到非常可惜,但易去之物难有索回之理,他只好作罢。

1937年,容庚从善斋购得"师旂鼎",于省吾又向容庚要求转让。此时,容庚早就想拿回越王剑了,只是一直没能遂愿,于省吾想要"师旂鼎",当然是个机会,他提出:"必归余故剑,鼎乃出。"于省吾爱鼎心切,对越王剑只好割爱了。几年之后,越王剑又重归容庚,也是美谈。而越王剑也一直是他心头最爱之一。

三是吵架,斗气,又和好如初。

古玩字画从来就是一家。看看画,品鉴一番,在外人看来觉得彼此间都会增益,而身在其中的他们更看重的是其中的趣味。

画家吴灏和容庚是忘年交,一起谈诗论画30多年。吴灏眼中的容庚是:他虽不摆架子,但不做声也十分威严,一看即知是一位学问

容庚与吴灏（摄于中山大学东南区1号门前草坪）

渊博的学者，而且他一出声，像个小孩子脾气，有时有暴性，出言批评，则一针见血，使人非常难受。可见，跟学问高深的人相处，压力是非常大的。有一次，两人还是论画，谁也不让谁，闹得很凶。然后，吴灏就离开了，一个多月没再登容庚的家门。

一天吴灏忽听到敲门声，开门一看，是容庚来了。他进屋后满面笑容，说"不是这样，便没有真知灼见啊"，并说："您看这幅张大千的画是伪物，我不过用了28元和阿涛买的（邓涛当时在广州画廊），而且是张祥凝造的赝品。"这一轴是当年张大千三十六七岁来游罗浮山归后，写了一幅罗浮《黄龙洞》送给黄君璧的。容庚对有疑问的藏品总是不厌其烦地给好友看。例如一卷徐渭花卉设色卷和一陈老莲早年小册绢本，徐渭的卷，后跋部分，人题的字是真的，而画被换去了；陈老莲册子细看非常好，真品，他买时十多元，在琉璃厂所得。石涛的《清凉台》后人以恽南田《藕花秋雨》换去。张大千的这幅图是赝品，款书极呆板，因容庚好文静的画风，一时走了眼，后来他亦知道：鉴定古书画非易事，尤其是画，比任何文物都难，张大千的画能伪造，他比伪造还要高的本领是攻心计。

吴灏说容庚藏品千余件，书房中客厅里每两个月左右更换一次。人弃我取，专收小名头是容庚字画收藏的特点，伪物不外因价极廉买来做画稿。

容庚跟黎雄才的交情也甚笃，两人特别合得来。

容庚经常骑自行车到美院找黎雄才聊天，他们只要在一起好像就有说不完的话题。梁世雄是黎雄才的得意弟子，又是容庚的女婿，他说，"黎老叹服容老的学问，容老对黎老也非常尊重，佩服其用功的精神"。有时，两人还会"老夫聊发少年狂"，相约到海珠桥进行骑自行车比赛，看谁更能爬坡。

商承祚跟黎雄才也熟，两人也常在一起聊天。有一次，两人说到绘画落款的问题，商承祚执意表示画家落款一定要写姓，批评黎雄才通常以"雄才"行之，"有失草率，不合规范"。而黎雄才则直接反问："哪有这样的规定？"两人吵得难分难解，言语来往间，灵感也激发出来，商承祚说"雄才"的草字落款是"鸡寸"，而黎雄才则反击商承祚的落款是"商承诈"。吵过后，两人都忘了，又找彼此聊天。

梁世雄说："其实他们关系好得很，这种斗嘴也不过是呈现了天真之趣。"

容庚的字在20世纪二三十年代就很有名了。抗战期间，还为生活以卖字刻印为生。

南归后，找他求字的人很多，学生来求，他一般都满足。他为人作书，每每爱临摹吉金铭文以赠，其用心为求准确无误，另外是利用别人求字作自己学习临摹的好机会。有时他甚至叫求字的学生把金文

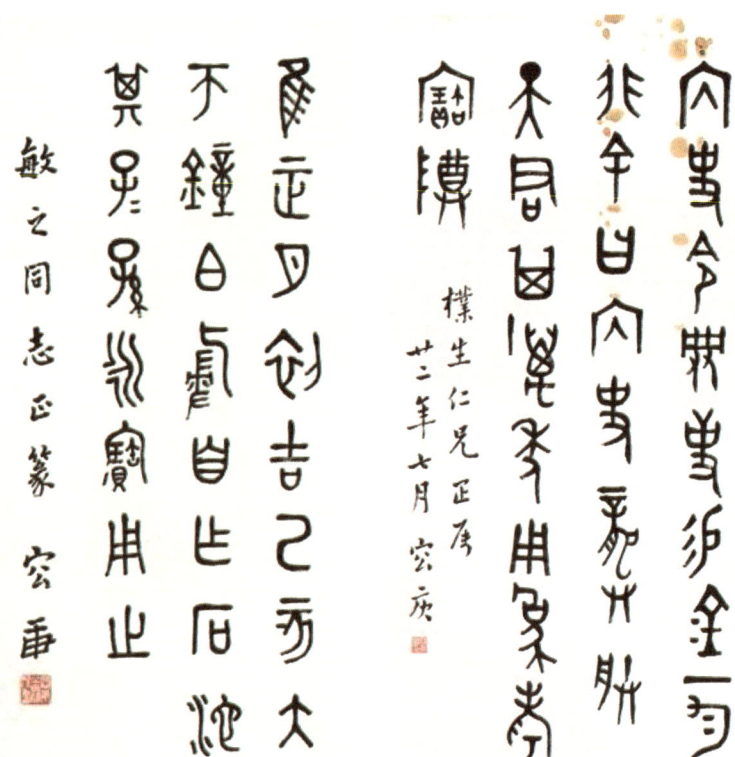

容庚书法作品

用铅笔勾勒,他再填墨以赠。冼剑民在中山大学读书时,有一次到古文字研究室,刚好遇上卢平等几位同学向容庚求字。当时,容庚拿起一本吉铭文,任他们挑选,还叮嘱用铅笔先把字勾描出来,他再在学生的描稿上落笔。

适逢商承祚老先生也来了,他看了半晌,笑着说,"容老先生这岂不是成了小学生的描红习作了?"说罢,他铺纸操笔用篆书写了一首诗。这时容老也不甘示弱,立刻铺开一张宣纸,顺手用金文写下了商老写的那首诗,幽默地说道:"把戏人人皆有,手法各有不同。"语罢,两位老人哈哈大笑。不得不说,这两位老头真的是太率性可爱了。

四是聊天,就是解闷式的聊聊天。

容庚任燕京大学教授时,王国维住织染局十号,两家住得近,两人交往也甚密,时相切磋。容庚眼里的王国维是这样的:"先生沉默寡言,问非所知,每不置答。喜吸纸烟,可尽数支;当宾主默对时,惟见烟凫凫出口鼻间。其治学甚勤,而所学甚博。"

这是平时。两人最引人注目的一次聊天,则是1927年6月1日晚上的那一次,因为,第二天,也就是6月2日,王国维就投昆明湖自杀了。

6月1日晚,他俩到底谈了些什么呢?容庚在《甲骨学概况》中写到这方面的内容:"自沉前曾过访余,谈及共产党枪杀叶德辉事,颇致忧郁。时先生方垂长辫,共军来,不畏枪杀而畏剪辫也。余以不至于是慰之。"

当下发生的事,自己的感受,这是他们平时聊天的重要组成部分。当时,王国维最担心的事是被人剪掉辫子。对那晚的聊天,容庚总体的感受是:"我俩坐了半个晚上,闲谈中,并不感觉他有烦恼事。"

次日,容庚知道噩耗后,马上赶到颐和园鱼藻轩,"先生之尸在焉,盖以芦席,无一人在侧,不觉放声痛哭。"随后又为操办丧事而奔走,他还一直保留着王国维遗书的石印件。对王国维,容庚也是感激终生的,晚年时,他在中大曾对吴灏说:"如果没有王国维,《金文编》不知什么时候能出来,连吃饭都成问题。"

陈寅恪将王国维之死归结为"文化殉节",他在王静安(静安是王国维的字)先生纪念碑碑文中称王国维"思想而不自由,毋宁死耳""以一死见其独立自由之意志"。

文字学家:容庚

"再逼，我就跳珠江去"

容庚原本是个不关心政治的学者，但在看过了军阀混战，看过了国民党的腐败，看到了民生艰难之后，和所有国人一样，他渴望和平与发展。

1949年3月28日，容庚致刘体智函，说道："广州明有空袭警报，断绝行人，敝校隔江相望，尚无危险，故家多坐食之人，处此时代，零落无可讳言。吾辈当刻苦自励，赞助政府，以求早日更生，逃避断非办法，尊意云何？"当时国民政府实施"抢救学人运动"。

一如我们所看到的，容庚一生都未曾离开政治。

他在1950年暑假学习会上谈感想时说：

我是个研究中国古铜器和文字学的人，埋头工作，对于政治方面不大过问。但我爱我的民族，我爱我的国家，遇到日本帝国主义的侵略，使我热血沸腾起来，……试拿十年前的日本和今日的美国来比较，其挑拨内战，阻碍统一，推销陈旧的军械和奢侈的商品，更是一模一样。

他不关心政治，但学者的敏锐却让他一语中的地看出问题所在。

新中国成立后，容庚是兴奋的，他觉得真的要进入一个新社会

晚年的容庚（摄于中山大学东南区1号客厅）

了，生活会好过了。党和学校对他的工作做了适当安排，他的藏书和古物也都由学校设法为他运到了广州。他当时的心态，其实是可以设想到的。

但万没料到的是，一波又一波的运动也随之而来。这一场又一场的运动冲击了无数知识分子的良知。人性的扭曲和丑陋被最大程度地放大了。但容庚，自始至终没有变，坚持说自己的内心话，用他自己说的话是"人人心中所有，人人口中所无"。他的真，即使是在现在，依然那么可贵，让有些人脸红，也激励着一些人；他的真，让他在那个年代显得特别有个性，说得上个性张扬。中国的知识分子中如能多有几个如他这般的，确实能让人看到这个民族的希望。

他是那个道出皇帝新衣实情的孩子。

1950年6月25日，朝鲜战争爆发。控诉美帝的运动开始在全国各地开展。12月14日和15日，岭南大学举行控诉美帝分子大会。岭南大学是教会学校，有不少外籍老师。会上，容庚不相信在岭南大学任教的每个美国人都是美帝分子,认为他们中有些是好人。

1950年6月30日,中央人民政府颁布《中华人民共和国土地改革法》。容庚从祖上继承有田地与房产,大势所趋,加上内心想为新政府做事情,这些财产就上交了。但土改的发展让人惊讶,吊打地主现象非常严重,打死和自杀的时有所闻。

1951年,对知识分子的思想大改造运动开始展开。1952年6月,广东各高校教师思想改造运动和"三反"运动相继展开。对此,容庚颇为抵触,他对人说:"几十年的思想不易改造的,最好换岗位,相信政府也需要人考古,会照顾我们。"

1954年,掀起了批判胡适思想的运动。这场运动,起源于山东大学,高潮在北京大学,反对的声音则多集中在中山大学。中大的反对声音主要有两个,一个是陈寅恪,一个是容庚。容庚主张"还胡适以真面目",他说:"胡适尊重证据,主张凡评定事物要拿出证据来。这和毛主席提倡的实事求是精神是一样的。"他认为那些批判胡适的文章"十篇有九篇是唯心的",指出"他们对胡适都没有研究,有什么资格批判胡适呢?"

短暂的春天后,1957年迎来了"反右派"运动。中大"反右"斗争尘埃落定,揪出三个"右派"反党小集团,其中,中文系的反党小集团是董每戡、叶启芳、詹安泰、吴重翰、卢叔度等。容庚侥幸没有成为"右派",但他没有"独善其身"的自觉,而是一个劲地跑到中文系党委去为"右派"教师说情,说这个不应该是"右派",那个不应该是"右派"。

詹安泰被划为"右派"分子后几乎足不出户,与朋辈的来往也基本断绝,许多人见了他都视若未见,但容庚每次在校道上遇到他,都主动大声问好,也常挺身而出为他说话。这给了詹安泰莫大的安慰。

1958年,"向党交心"运动开始。在这场运动中,容庚被认为做得不好,而且在他自己的自我检查中发表了许多奇谈怪论。这些言论

容庚在中山大学东南区1号客厅

都是用问答的方式一条一条写出来的,比如:"'右派'损害党的利益,你能起来和他们斗争吗?我说有怀疑。""'右派'是你的敌人吗?我说有怀疑。""党和政府的政策你宣传过吗?我说宣传的少,而反宣传的多。"……

1958年,"大跃进"浪潮一浪高过一浪。不切合实际的"浮夸风""放卫星"盛行。一亩田,产万斤,难道没有人怀疑吗?当然不是,只不过大家不讲,反正谁也不会核查。容庚对这种"放卫星"深不以为然,说:"我从小在东莞长大,还不知一亩田可以产多少斤稻谷?我就不信有这么高的产量。"

1959年,教学科研也开始"放卫星",让学生编教材,副教授、教授们再用这教材给学生上课。容庚认为这种改法形同胡闹。一些学生知道后很不满意,写了许多大字报批判他。他也贴了一张大字报还击:"容庚是个疯子,神经错乱,言语失常,不堪改造,不堪作人民教师,请勒令回家休养,自谋生活,以免毒害学生。"结果是,批判他的大字报更多了,贴满了虎门海军礼堂南面的墙壁。

1966年,当报上批评吴晗的《海瑞罢官》及《三家村》时,容庚在学术研讨会上直言："歌颂海瑞没有什么不好，连清官都不能歌颂，难道要去歌颂明代最腐败的一个现象——多如牛毛的贪官？"当广东省社科联通知他讨论关于"清官"问题时，他拒绝参加，说："有人说清官比贪官更坏，这等于说'四清'干部比'四不清'干部坏，这有什么好讨论的。"他还说："海瑞反对贪污，打击贪污，但当前很多出身于贫下中农的干部都犯'四不清'，他们还比不上海瑞呢。"

对于批判邓拓，他说是兴"文字狱"。"毛主席自己说过'言者无罪，闻者足戒'，'有则改之，无则加勉'，但现在却把这批文章（《燕山夜话》）说成反党反社会主义，还有谁敢提意见，这不是防民之口吗？这样防民之口，只好挂个牌牌'莫谈国事'了。"他又说："这样一来谁还敢说话，台湾是不是又该说我们兴'文字狱'，焚书坑儒了吗？"

很快，容庚就为他的直言付出了代价。

6月1日，《人民日报》发表社论《横扫一切牛鬼蛇神》。6月5日，中大揪出第一批"牛鬼蛇神"，也就是中大的"三家村"：容庚、刘节、谢文通。随后，中大校园里到处是批判三人的大字报。

容庚开始接受无休止的批斗，小组批斗，大会批斗，步步升级。

1966年秋的一天上午，中山大学的"造反派"在校园的惺亭开了一场批斗"反动学术权威"大会，强迫容庚、刘节、谢文通三人戴高帽，敲锣游街。70多岁的容庚被批斗后回到家里，心中非常悲愤。他认为"士可杀，不可辱"，这种污辱人格、伤害人权的粗暴行为是不能容忍的，他想以死来反抗。

是日下午，他骑自行车到广州市区，路经海珠桥，想投河自尽。当他到了海珠桥时，人来人往，还有解放军巡逻放哨，他认为不便攀栏杆投河，拟于夜深人静时再行动。也巧，这时容庚听到有人叫他，一看是老友萧隽英。萧隽英问他去哪里，他直答："去死！"萧隽英得知原委后，苦口婆心相劝，容庚终于冷静了下来。然后跟着萧隽英到他家。一住三天，怒气退去，也想通了，认为拼死是无益的，反招来了畏罪自杀的罪名。对这场动乱他改变了策略：你批你的，我干我的。

"你批你的，我干我的"，就是依然如故，容庚的真，一如从前。"文革"期间，有位美籍华裔学者来到广州中山大学，拜访和宴请容庚和另一位教授，随后提出请两位教授就她的著作撰写题词。

容庚总是手不释卷

另一位教授美言一番题写了。但容庚觉得她的著作立论不当，只愿由他做东回请宴席，却不肯作违背良心的题词，而他当时并未获"解放"，处境十分不利。

他被关进牛棚那会儿，在校园里，一些小学生（那时叫红小兵）遇见了他，要他背"语录"，他说不会；问他什么是"三座大山"？他回答："背语录、早请示、晚汇报，就是压在我头上的三座大山。"

1958年，在"向党交心"运动中，他曾以"野马""鬼锁"自比。他说要有高明的骑师才能驾驭这匹野马，要有能工巧匠才能打开这把鬼锁。这是针对当时的"造反派"和不善于团结人的领导讲的。"造反派"愤愤地说："我宰了这匹野马，砸烂了这把鬼锁！"他说："这就完了，但不能为你们所用。"容老在批斗会上，常说："你们拉我去坐牢，我还未尝过坐牢的滋味，你们把我枪毙吧！"

"批林批孔"运动展开了。他对杨荣国的批孔文章不以为然，他指出那些文章所引用的甲骨文和金文有些是错误的，立论也是不当

"文革"后移入新居——中山大学东南区1号(约1980年左右)

的。他认为孔子还有些东西值得我们学习,不应一棍子打死。他在一次座谈会上说:"孔子死了二千多年了,有什么可批呢?批孔不如批我吧。"为了这句话便引起了不断的批判和斗争。他始终不肯加入批孔的行列。

其孙容国濂说:"有一次我跟五姑六姑一起劝他,那时在75号二楼。我们叫他跟上时代批孔,他说:'我不尊孔,所以也不批孔。'我们说:'你要为我们着想一下。'他说:'我自己都管不了了,更管不了你们了。'我们说:'你这是自绝于人民!'他说:'再逼,我就跳珠江去。'"

"我爷爷是个学人。他忠于自己的想法。"容国濂说。

"文革"结束,容庚获得解放,落实政策后,在一次会上,许多人发言一致肯定了容老的爱国热忱、刚正不阿、治学严谨、提携后进以及以往受冲击、挨批判之冤枉……有位曾批判过他的先生还当场向他表示歉意。但他的发言却出人意料:"几十年来关于我容庚的是是非非,我自己也说不清,算了,不说也罢。我不像过去说的那样坏,也不像今天大家说的那么好。我还是我容庚。"简单直白的话,却发人深省。

聚是一把火,散为满天星

容庚所有的收藏,都不是为了藏而藏,而是为了用而藏,为了国家珍宝不外流海外而藏。

1978年后,他觉得要处理他的藏书与画卷了,说:"老了,儿子不能继承我的事业,应是散的时候!"怎么散?他决定以极低值送给公家保存,他恋念不已。"唉,几十年来聚之不易,散又何难?总好过散在私人手上……"而早在1956年,他就已经将越王剑捐献给广

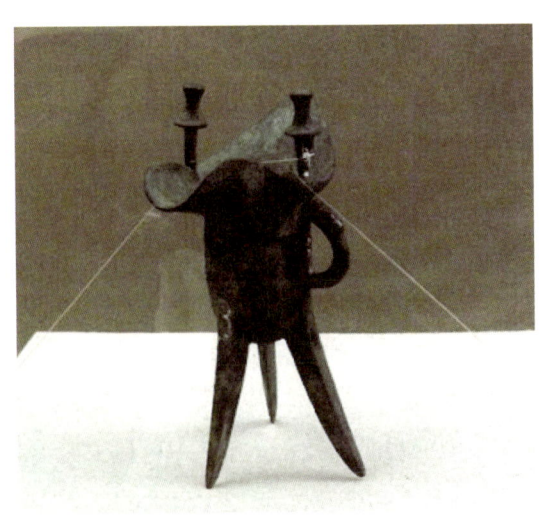

商代天黾父丁爵(洛阳出土)
容庚捐赠,现藏于广州博物馆,其腹部有云雷纹,有"天黾""父丁"铭文。

周代"铸叔簠"

容庚捐赠,现藏于广州博物馆。其器盖与器身同行,腹部两耳,作兽首形。全器饰蟠螭纹,器腹内有铭文15字。

州博物馆,1994年,这把剑被国家文物鉴定委员会确认为国家一级文物。专家组认为该剑的剑格、身、手完整,有"越王"鸟篆文,为战国早期之物。

容庚毕一生之力,到底收藏了多少件青铜器?只要查数一下他自藏器的两种著录,便可一目了然。《颂斋吉金图录》及《颂斋吉金续录》共载173器,加上后收而未著录者,总数不过200器,他自谓"得商周彝器百数十事",大都是在抗战前收藏的。1937年北平失陷后,他的工作环境日趋恶劣,曾在《倪瓒画之著录及其伪作考序言》中说:

> 战争频年,币制日紊,教授月俸,曾不足以易百斤之米,或一吨之煤,八口之家,何以为生?斥卖书籍彝器之属,忍死以待时清。金石之干燥无味,终不若书画之足供怡悦,于是治书画之日渐多于金石矣。

故抗战胜利后南归广东直至新中国成立,就少收藏青铜器了。除了转让给朋友及变卖一些外,至将所藏捐献给国家时,计有150余件(现分别藏于北京中国国家博物馆和广州博物馆)。

他珍藏的字画、法帖也非常多。其中宋人《云山图》、元黄子久《云山清溪图》和明沈周、祝允明、戴进、倪元璐等的字画,都有极

周代"母尊"
容庚捐赠，现藏于广州博物馆。其腹部有饕餮纹，前后作兽首形，其内壁有四字铭文。

高的艺术价值，为收藏家所珍爱。1980年，他又将1万多册珍贵书籍捐献给中山大学，其中有明嘉靖全刊宋刻《宣和博古图》30巨册，光绪十四年（1888）日本铜版《西清古鉴》24册，都是海内外珍本。

他一向节衣缩食，自奉俭朴，宁受困苦，也要购买这些古物。晚年把一生心血所聚之物贡献出来，是为了使这些珍品和书籍能发挥更大的作用，使更多人能够进行研究。东西聚在他手里时，发挥了巨大的作用，结出璀璨的学术成果，犹如火把一样照亮来人的路。现在散了，有需要的人会寻求它，而且很容易就找到，因为它们犹如星星一样散落在社会的各个公共空间。说不定哪天，就会经由另外的人聚在一起，结出新的成果。

容璞说："他当时给我们一句话，'这些东西是一本本搜集回来的，终于成系统。我走后，物随人归。你们要你们挑，但重要的就不要挑了。'他心里有数，成套的书不给我们。"

容国濂说："祖父一直没把收藏当作个人的东西。他的东西，是给社会用的，到时间他就交回给社会。他的书太多，当时我们家整一幢小楼全拿来放书，我们没可能接。他很开明，不要求后代如何。"容国濂挑的是《词源》《词通》和《胡适文存》。

容璞说："当这些陪伴了他几十年，用他心血换来的书籍、字画搬走后，他面对着四壁空空的房子，一连几夜不能成眠。"他对我母亲说："这些书和字画都是我一件一件买回来的呵！"是的，它们已经成为他生命的一部分，实在难以割舍。他在弥留之际，还常常发出叮嘱家属挂晾字画的呓语，可见它们在他心中的分量。

1982年春，容庚因不慎跌倒而致股骨颈断折，伤势很重，"文革"时受的苦，身体和精神上的伤害也同时并发。容璞和她的兄弟姐妹轮流照顾父亲，看到父亲脊柱下面的骨头都露出来了，揪心不已，但父亲却从不喊痛。容璞说，刚跌倒入院时，他怎么也不相信自己再也不能起床。他咬着牙，忍着剧痛，移动着那只跌断了的腿，要我们把鞋给他放好，他"要下床"，"要去古文字研究室"，"要去看看研究生"……夜晚，他躺在床上辗转反侧，把被套叠了又叠，对女儿说："要把这些法帖放好。"对着天花板，他仿佛又看到他心爱的字画……

1983年暮春容庚与世长辞，年90岁。一介书生，生活俭朴，得来的时光，全都放在学术上；得来的钱，全都放在图书、钟鼎、古书画上，走时，没带走一片，却留下了垒起来比他身高还要高的学术著作。

聚之不易，散亦何难？

这是容庚的感叹，也是所有人的感叹。

容庚一生收藏之丰是一般人无法想象的。想想，殷周的青铜器就

周代"叔鼎"（出土于洛阳）
容庚捐赠，现藏于广州博物馆。其腹内刻有铭文。

有近200件，还有那些成就了皇皇巨著《丛帖目》的字画。

他独特的个人经历，也赋予了他的收藏极高的价值：从小就能看到古代各名家之作，青年时期又亲手鉴定过故宫里上千件古铜器，尔后又广收法帖字画，这样的积累会炼出一双怎样的鉴宝之眼？尤为难得的是，他还是一个非常真、非常严的人。

他的宝贝，都上哪搜回来的呢？

首先是琉璃厂，在他一生购藏中，这里是最大的来源。

1922年，他刚到北京时，课余就常到琉璃厂搜求历代字画书籍，尤留意搜集岭南人的作品。所藏如《高俨等送胡大定诗书画册》《林良秋树聚禽图轴》，皆粤中书画古迹。《送胡》书画册，为康熙十年（1671）博罗知县胡大定擢任云南邓川州，粤中人士送别而作。此册书画皆精，张穆作竹雀及秋树立马，古毫、高俨等皆作山水。林良轴继承了元人花鸟画的传统，墨笔淡彩，高雅绝俗。至于清代以至近代岭南书画名家之作，他购藏也很多，捐献给省、市文博部门的就多达数十种。其中，国画如黎简及黄丹书的《山水图轴》、招子庸《秋葵立石图》、苏六朋《洗砚图》，书法如谢兰生《行草诗轴》、冯敏昌《行楷诗轴》、陈澧《篆书轴》及《行书东坡词轴》、康有为《行书八言联》等，均有较高的艺术价值。

其次是同行介绍，这让他的消息灵通，能及时和卖家联系上。

最大的一次买卖，在1930年。那时，山西有大收藏家逝世，其后人拟把数百件古铜器整批出售，索价万余元。容庚闻讯，便将整批古铜器买下，先付5000元订金，这批铜器运到北京后，他召集同道选购，卖去其半数抵偿了价款。这样他便成为古铜器的大收藏家。以后他陆续收购，其中一件最珍贵的是《栾书缶》，以3000多元购得。此器腹外铭五行四十字，由左而右，字皆嵌金，现在仍金光闪闪。栾书是晋国的执政者，于晋成公四年（前587）将中军（主将），晋成公十八年（前573）死。此器现陈列于中国国家博物馆。

清代画家恽寿平《山水册》（容庚旧藏）

除了这次大手笔之作，平时因为他自奉甚薄，只有余钱购买古铜器及书籍，从"闲常挟破书游隆福寺，走厂甸海王村，不意二十年后竟收藏如此之巨"中可知，他常去的地方还有隆福寺和厂甸海王村，这些地方买的大都是价廉的小品。

再次是和熟店保持联系，如北京宝古斋。

南归后，不管是青铜还是字画，岭南的来源都远不能跟北京比。好在他在北京时已有相熟的店，到了广州后，依然保持联系，这是他后期购藏很重要的一个渠道。

北京宝古斋勒伯声会不时寄来一些东西，但除了小名头外，大都是人家不看好才寄来的，价钱十分便宜。一天，容庚和友人吴灏正谈论罢一幅石涛的画，邮递员进门放下了一轴古画请他钤印签收。打开一看，极好的山水，大家一齐叫起来，再看有恽南田题了左上角，绢虽黯黑而气格雄浑超逸、笔力非明清人所能做到的。南田欢喜赞叹，题了一大段文字，他大约这样题道：此轴无名款识，才有幸落到东园之瓯香馆。此图前曾为方梦圆收藏，是双屏之一半。在容庚购到此画的同时，香港陈仁涛得一巨轴，张大千题了四个大字"浮岗暖翠"定为黄大痴真本，无款。上亦有南田题识。此两轴笔法同一，朦胧间可以看出南田山水画是从这两轴学来的。广州故友莫元瓒也藏了一轴名《仙馆僦金图》，可惜后来带往香港参加展览乘坐西安渡因船上失火焚毁了，在匆忙中取回元人仿的《文同墨竹》一轴，焚毁的还有石涛《莫愁湖图》、龚半千《秋山图》、恽南田《花卉册》。莫氏集兰堂所藏的大痴小轴《仙馆僦金图》款书人有静坚一名，此名很少人知道。绢亦颇黑，此幅是近七十之作，并有题识款印，卢子枢先生曾临过，是很好的真迹，与容庚所收的半幅笔法相近，此半幅笔墨似更雄健，定是其未成名时壮年之作。吴灏说："容老，没款的，我要吧。"容庚说："50元，太便宜了。"说："看三天后再说吧。"又说："我看是真的，陈仁涛以近万元港币才得到手，我不外50元。"十分得意。

最后是文德路。

南返广东后，在广州既缺甲骨、铜器资料，又乏从游之人，岭南大学教课之余，稍一从繁忙事务中脱身而出，他可以寄托者唯有囊中书画法帖而已。对一个逛惯琉璃厂的人来说，一下没了逛处，实在手痒得很。那时候广州没有如现在般有西关古玩一条街，古物较集中的地方是文德路。闲暇之时，文德路的古玩店和书肆就成为他打发时间的去处，搜些字画法帖。青铜器，是再也难得一见了。

周代"龙首勺"
容庚捐赠，现藏于广州博物馆。

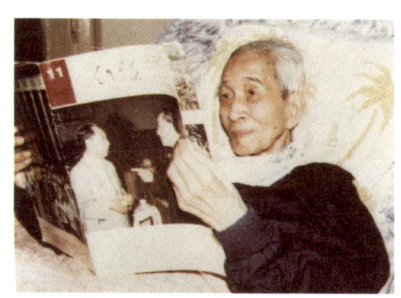

卧病于床上还饶有兴趣看《人民画报》
（1983年元旦摄于家中）

他的家教开明又保守,放任又严格

容庚有六个子女,六个子女干六行。

容璞是第五个孩子,她说:"大姐学外语,二哥学师范,三哥学化学,四姐学医,我学美术,我妹妹则学农。父亲说三百六十行,行行出状元,他希望每个人都学有专长,这样才能赖以谋生。至于你选哪个专长,他不在乎。他不强调子女继承,也说我们不是那块料。"

父亲的学问没有传承下来,可观的收藏也没有传下来,容璞说,父亲和他们都从没考虑过这个问题。兄妹几个每个人名字里都有个

20世纪50年代容庚家族合影

"玉"字,是要我们都做对社会有用的人。父亲曾说,六个子女就是块块玉。对于起名字,容庚认为一要方方正正,就是意思要好,明确说"广"字不能起,因为简化后的"广"里面,没有了"黄"字;二是字的笔画不能太多;三是不用太僻的字。

子女们眼中的容庚非常热爱自己的工作。

他每天早上五点钟就会起床,之后就一直在他的书房里面工作。他的书房俨然是一个小型的图书馆,书籍及藏品从来都整洁有序,乐意有人翻阅或借出,但必须摆放规整、爱护有加。但不许人乱动他的书。他这种工作上的勤恳与严谨态度,在孩子们的心里留下了莫大影响。"每天只有吃饭的时候,我们才能看到严肃的爸爸。他也经常会出门到野外去,他搞考古学就总得跑野外。他做学问非常认真,一丝不苟,这也是他对我们的主要影响。"容璞说。

抗战期间,他们家住在北平东莞会馆,条件艰苦。因为他是做考古的,家里收藏了很多器皿,那时,一有朋友来,容庚就会叫孩子们热情地把所有东西一件一件地捧出来给客人看。看完后,又一件件地收进去。他对此非常认真。"那时我们睡的床下面放着他的四个大箱子。"

1960年容庚全家合影

他从小就教育孩子们热爱祖国。"那时北京有很多日本货,做得精致,我很喜欢,有一次买了一个小花篮,回来他发现是日本商品,非常生气,让我立刻扔了。他不允许我们买任何日本人的东西。我姐姐抗战时在西南联大,回来后教我们很多抗战歌曲,他很高兴。当时虽然家里经济情况不算好,但抗日捐钱他总是带头。"

他的俭朴也极大地影响了孩子们。

在容璞的记忆里,父亲自己的生活一向朴素。每个月的工资,他会分一半给母亲料理家事,另一半则自己留着买入心仪之物。"为了满足自己的雅好,他可以大笔'挥霍',但对自己都是节衣缩食。"常年冬天就是一套蓝色的中山装,到了夏天就是两套白布的唐装衫。多年前,她还曾捐过一件父亲穿了60年的冬天的棉长衫。

容庚对物质生活从不讲究,也直接影响到他的孩子。容璞小时候念的是教会学校,校方规定学生必须穿制服,女孩子要穿蓝布长衫。"我和我妹妹只差一年,当时家里没有钱买,爸爸就让我妈将他自己的蓝布长衫改成两件给我们穿,到学校后同学都笑话我们。因为别人

1961年全家合影

容庚和孙子容国濂在一起

的蓝布长衫前面没有一条线,而我和妹妹的因为是用爸爸衣服改的,都有一条缝线。"在容璞眼里,父亲的影响多是自然而然的工作与生活习性,而非刻意地去教导、去批评。

容璞说:"我跟妹妹中学住宿,父亲每周只给2毛钱车费。我们不舍得花,就从北京南城走到东城,走路回家。"相比子女辈,容庚对孙子就和蔼大方多了。每年六一节孙子要买书,他一出手就是五块钱,那时一般人一个月的工资才三四十块钱。他还给孙子订了一堆杂志,比如《儿童时代》《少年文艺》等。

在对子女的教育上,他既开明又传统,既放任又严格。

传统与严格体现在教育上。

书香世家出来的容庚,对子女的教育非常重视。抗战时,家里生活非常艰辛。米可以少买点,饭可以少吃点,但儿女上学的钱却是必需要交的。当时他们四个孩子在读中学和小学,都住宿,每个学期要交的学费很多,光靠工资已不能生活,他就靠刻印写字挣些钱。

1943年8月,他张挂于琉璃厂的《颂斋鬻书约》曰:

1962年容庚全家合影

余少从舅邓尔雅先生习篆刻。北游北平,任教大学垂二十年。虽未习唐宋行狎之书,差幸识商周古文之字,亲友委书,堆积几案,书之则自以为苦,不书则人以为傲,每依违两者之间。战争频年,朔饥欲死,支笔锭墨中人之产,不有所取,其何以堪?五十之年倏忽已至,爰定润例以当画饼,苟能疗饥,固所欣然,若其不能亦节劳勩,并世同志幸无饥焉。

饶是如此,到交学费时仍是不够。他就卖书卖字画,换回金条,当时是用金条的。拿回来放在桌上,对四个读中学的子女说:"这就是你们的学费了。"他就是卖了心爱的收藏,也要保障儿女有书读,可见其重视程度了。

平时孩子们学习上遇到的种种问题,容庚不管,但每个学期的成绩报告他一定会看。儿女们说:"那时每个月有成绩报告,他要看,看一下,没问题了,你可以走了。成绩低了,就要批评了。"没考第一,容庚可以接受,但要是不及格那他就无法接受了。这就是他对子女学习成绩的态度。

容珊说:"爸爸是书法家,但没教过我们写一笔一画,到现在还记得妈妈手把手教我们写字的情景。我们学习,都是大的带小的。有事问爸爸,他就说找你妈妈去,或者问哥哥姐姐去,他没时间管我们。"容璞说:"我们几个主要是母亲培育,母亲很贤惠,把着手教我们认字、读书。父亲是对外的,带学生,写著作,还要去考古。"

容璞说:"在教育孩子们方面,母亲比较用心,爸爸主要是用他的实际行动影响着我们。家里面的事情全都是母亲在支撑,包括对儿女的教育。"

严格,是儿女们对容庚最深的共同感受。容珊说:"看到爸爸,我们就好像老鼠见到猫,不敢跟他讲话。他一声呵斥,我们就一声也不敢吭了"。容珊说,子女根本不敢跟他面对面说话。直至结婚成家后,才敢和父亲平视对谈。

严格还体现在家规上。容璞说:"从小他就对我们很严格,赌博、打麻将、打牌这些是绝对不许做的,连看电影都不行。也因为这样,我们兄弟姐妹没一个有陋习。有时间,我们的消遣就是在家看书。我和六妹爱画画,有一天,我在他书房里拿了本有画的书,照着画。他回来后扫一眼自己的书架,马上问:'谁动了我的书?'我赶紧把书拿给他。他每天都巡逻他的书架。"

生活细节上,容庚对子女也有要求。吃饭,一粒饭都不能掉。容璞说,父亲喜欢吃栗子,去琉璃厂回来有时会买一袋,就在家里圆桌上一人分两粒,不能随便拿。那时,家里四个小的孩子年龄接近,有时在妈妈房里玩波子,三个女孩一个男孩,玩得很高兴,免不了有些吵。此时,爸爸就出来了,背着手,拿着鸡毛掸子,一人在小腿上来一掸子,说一句"不准吵",然后就回自己屋去了。

孙子容国濂说:"在我们家,是有些《家春秋》的味道,每个人只在自己范围内活动,爷爷和奶奶各有各的书房。吃饭,是每人分菜

1963年容庚全家合影于旧居中大西南区54号（九如屋）

吃，全规定好了的。莞城望族，规矩多。他个人思想是比较开明的，但在屋里规矩是很严的。我不能带小伙伴到家里来玩。每天的生活是两点一线，下了课就回家，不允许参加班上活动，不和同学们一起玩。回到家，就是看书。'文革'时班里有两派，我不在其中任何一派，所以两派都跟我过不去。"

开明与放任体现在孩子的求学、就业乃至婚姻上。

除了重视孩子的教育，对儿女的婚姻容庚也是很关心的。不过，这种关心又不是要求门当户对，而是关注对象的人品与治学态度。

容璞说，1956年她和同班同学梁世雄两情相悦，想结婚。当时她在武汉的中南美专，她把这个想法告诉了远在广州的父亲，并寄去梁世雄的一张小一寸黑白证件照。容庚很快写信回复，但并没有询问梁世雄家境如何，而是问做人如何。"我的哥哥和姐姐的婚姻都是从同学情谊发展起来的，这一点让父亲非常放心，对于我的婚姻，他亦然放心。"

"不管是婚姻，还是求学、就业，父亲对我们一直都是开明的态度,他一般很少干涉,更不会给我们提供什么便利。"在后代中,父辈的古文字学、史学、收藏的渊源并没有传下来,却出了不少理、工、农、医等西式学科的人才,仅医生就有十几人。在容璞看来,这正是父亲家教开明的体现。

她自己高考选学校专业时,向父亲请教报考美术院校的意见,父亲只不过回了一句"学画画也好啊",并无其他希求。

容璞的工作地点后来几经变动,却很少有人知道她是大学问家容庚的后人。"父亲的名气没有在任何方面帮到过我们这些子女。我妹妹当年在青海工作,希望父亲能够帮她调回到广州工作,却被拒绝了。"容璞说,父亲一向为人做事保持原则,对于子女的前途亦然。

容庚所有的子女,说不上都杰出,却也做到了父亲"学有专长"的要求。长女容琬北京大学英文系毕业,与协和医学院毕业的儿科名大夫徐庆丰结婚,后全家移居美国。长子容琨,师范专业出来遇上"土改",尔后运动不断,当了十几年小学老师,后任职于广东省文史研究馆。次子容瑶,北京大学化学系毕业,中科院广州化学研究所退休后赴美。次女容瑾,中山医学院毕业后,任学院教授。五女容璞,中南美专毕业,丈夫梁世雄为广州美术学院教授、国画系主任。六女容珊和丈夫叶绍文均是北京农学院硕士研究生毕业,后为华南农业大学教授。

在容庚的后辈中,最接近容庚本行的,当属容璞和她的先生梁世雄,两位都以画艺名世。

容璞、梁世雄和容庚夫妇合影

1981年容庚与家人合影

容璞说,父亲跟女婿梁世雄有共同语言,他们俩在一起总有话可谈,比跟儿女在一起时话还多。梁世雄说,他们俩聊的几乎都是艺术,鲜问家庭诸事,一直以来都是如此。而对艺术,容庚的态度跟学术是一样的,就是严与真。不留情面地指出对方的缺点。

梁世雄第一次拿国画请他指导的时候,他就毫不客气地说,"画还可以,但字不行。"梁世雄清晰记得容庚对他作的一场训诫:"纵观历代画家,有大成就者书法功底也非常了得,而书法不过关的画家则往往很难成大名家。"由此,梁世雄开始发奋练字,甚至一个时期练字的时间要远远多于作画的时间。

容老家里收藏了诸多碑帖,允许梁世雄随便挑选,这为他提供了他人难以企及的极大便利。他对梁世雄强调,学书法就要选那些自己喜欢的、和自己心性相符合的碑帖,不用管到底是哪家哪派,到底是何种字体。他建议练字不一定从楷书、行书入手,也不一定言必称王羲之、颜真卿。当然,这有个前提,就是碑帖的水准要高。梁世雄在他的指引下,选择了李北海、米芾、文徵明、三希堂法帖,并发力训练。

容庚给女婿梁世雄写的字　　　　　梁世雄的书法作品

  书法与国画相得益彰，线条的锤炼又大大增强了国画的表现力，这让梁世雄进一步坚信了"书画同源"的理念。"其实岭南画家一向不太注重书法的训练，这成了岭南绘画发展的瓶颈。"鉴于此，梁世雄在教学中始终重视对学生书法训练的引导，并有意识地将此推广开来。20世纪80年代，他在任广州美术学院国画系主任的时候，力主在招考环节加考书法一科，书法好的学生可优先录取。同时，他还倡议成立书法研究室，并推举尚涛老师负责。

梁世雄作品《高原春色》

梁世雄作品《松峰翠色》

  对容庚，梁世雄认为他留给子女们的最大"遗产"是清正的人格，而这正是最为可贵的。所有东西都会随风而逝，唯有清正的人格会一直陪伴左右，人生的路也就此明确并好走起来。

他一直保有旧时文人礼仪，见面告辞都鞠躬

对己严，对自己的子女也严，对交情深厚的朋友说起话来也是不留情面，容庚的性格可说是有棱有角甚至尖锐。但对学生、对普通人，他极为有礼，丝毫没有大师的架子。

书画家吴灏和容璞是同学。因为这层关系，吴灏得以和容庚相识，成为"忘年交"。旧时的文人雅士很重视礼仪，容庚就一直保留着见面鞠躬致敬之礼。

吴灏的儿子吴泰说，20世纪70年代他随父亲到中大看望容老，见面双方就互相鞠躬致敬。离开时，互相鞠躬告辞，容老每次都站在家门口送客，要看到客人远去，一直到在自己视线范围内消失，才回身进屋。走出百步远，回头看，还能看见容老站在那里，目送客人……

容庚对自己的孩子要求严格，对学生的态度却热情得多。这种强烈的反差，曾让小时候的容璞难以理解，"直到80岁，他还经常到研究生宿舍去看他的学生；有一些业余的学生来拜访他，无论年长年少，他总会亲自送下楼去。"

容庚对学生的关爱常让学生感动。马国权在回忆中写道：在我们求学期间，有位同学新研究某一课题，向先生求教，当晚容先生翻阅藏书发现了有关资料，不顾年迈和晚上路灯昏暗，为了尽快把资料送

到急于研读的人手中，靠着朦胧月色，骑自行车前往学生宿舍。

张桂光曾说："每周四上午，是容老、商老（商承祚）与学生法定见面时间。两位先生答疑，有时则是他们提问。"容庚平时多在古文字研究室工作，也经常到学生宿舍，有时带书给学生，也检查读书笔记，偶尔还会带回家看。"每次容老来，我们就在宿舍门上画一画，够五次就一个'正'字。"每次离去，容庚均不让学生陪同，每走几步，就回头对学生扬手："回去吧。"80多岁的容庚自称喜欢"走捷径"，常斜穿操场回家，同学们怕有闪失，往往在操场另一边等候。这些，都是张桂光求学时期的宝贵回忆。

早在张桂光收到录取通知书时，容庚在信中对他说："研究工作，弟曾作《商周彝器通考》，继是有作则为《商周彝器铭文通释》，今老矣，无能为也已！兄如有意，见时面谈。"《商周彝器铭文通释》是容庚一直想做而来不及做的工作，可见他对学生是充满期望的。

容庚对好学的社会青年也给予帮助。广州东山某医院挂号员刘翔，决心学金文，曾冒昧登门，要拜容庚为师。容庚见他决心大，经过考核后就接受他的请求。教他抄读《说文解字》《金文编》，研读《商周彝器通考》，还定时进行辅导，使他终于考取了中国社会科学院金文研究生。在刘翔赴京入学前夕，容老用金文写了一副对联送给他："大海实有容人之量；明月常以不满为怀"。

还有一位青年很喜爱书法，特别醉心沈寐叟（沈曾植的别号，光绪年间人，书法融合汉隶北碑、章草为一炉，自成面目）的格调。他带着自己的作品，冒昧探访容庚。容庚热情地接待他，并把自己收藏的仅有的一幅沈寐叟晚年真迹，无条件相赠。这位青年非常感激，他得到真迹临习后，书法果然猛进。

此外，容老也资助一些家境困难的青年，帮助他们完成了学业。容璞说，爸爸去世后的第二天，中山大学一位老工人来到家里，含着眼泪向他们叙述爸爸生前对他的关心。原来这位老工人家中有五个子女，生活比较困难，每当开学的时候，爸爸就送钱给他的子女交学费，如今这位老工人的子女都长大了，工作了。这类事情对爸爸来说是很平常的。

20世纪70年代，求容庚墨宝者甚众，书画名家或非文化界官员求书，他每每推托，而普通职员、工人或是求学青年求书，往往能如愿以偿。青年问学，容庚谈至兴起，提笔挥毫，主动赠送，也是常有的事。

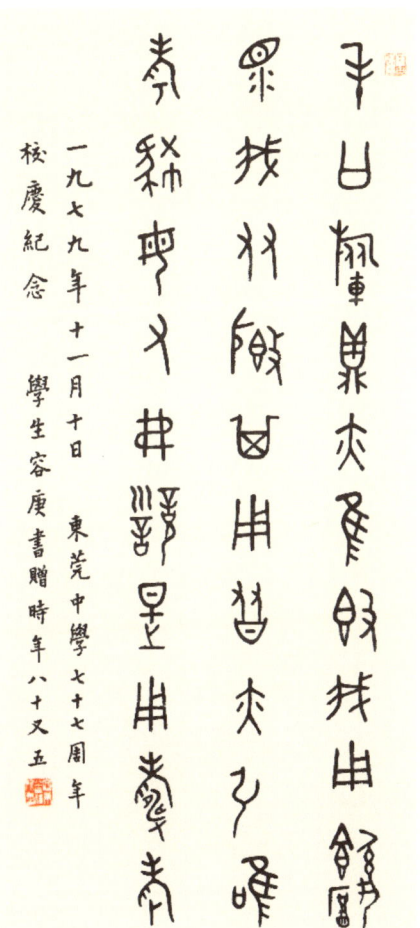

容庚书法作品

容庚挥毫

时为中山大学二年级学生的李旦明,他原来所在工作单位——东莞县图书馆的刘馆长和老郑专程来中大找他,想请容庚先生为新建的县图书馆大楼题写馆名。容庚是东莞人,又是蜚声中外的古文字学家、书法家,请他为家乡的文化设施题字是再合适不过的了。而李旦明一说,容庚就答应了。

中大古文字研究所资料室,有一张宽大平阔的写字台,那是容庚平时写字的地方。李旦明他们进去时,看到写字台上堆满了一卷卷的宣纸,师母说,这就是来求容老墨宝的。他们把要写的"东莞县图书馆"六个繁体字写在纸条上,呈放在台前,大伙儿都毕恭毕敬地请容老动笔。容老看了纸条,提起笔来,就在这一刹那,他那张原先有些木然的脸,那有些呆滞的眼神,突然放出了光彩。那专注、认真的神情，几乎使人忘记他已是一位85岁高龄的老人。在事先裁好的每张一尺见方的纸上，他笔锋略有些颤抖但很准确地移动，每张纸写一个字，一口气将"东莞县图书馆"六个字各写了两个，没有一处败笔。之后，他换了一支中号狼毫，题上自己的姓名和年月日，还在助手的帮助下，平正地在末尾盖上了那方"时年八十有五"的印章。

此时，老郑竟"得陇望蜀"，想请容老再为图书馆的几间"阅览室"题名，他把写着"阅览室"的三个繁体字的纸条递了上去。师母和助手见容老精神好，也在一旁劝说容老继续挥毫。没想到容老看了纸条一眼，摇摇头说："不写，你的字写错了。"字写错了？老郑愕然了。助手和李旦明赶紧凑前去，看了又看，没错啊，三个字一笔一画，工工整整，清清楚楚。师母以为容老又发小孩子脾气了，问道："哪个字写错了？"容老用手一指，"'览'字写错了，你们查查看"。助手赶忙从书橱里搬出好几本大部头的字典，逐笔逐画地一一查对，还是没有发现究竟错在哪里。助手说："《中华大字典》里也是这么写的，不会错。""那《中华大字典》也错了！"容老音调中高，话语甚至还有些含糊不清，但语气渗透着不容置疑的力量，"你去里面查查《说文解字》"。他还把"览"字在第几卷第几册点了出来。片刻，助手出来，恍然大悟，"这个字真是写错了！"

原来繁体字的"览"字"覽"的右上部应是一个"个"下加个器皿的"皿"组成的，但所有印刷体，包括一些字典、辞典里的字体，大概是为了印刷方便的缘故，都把"皿"印成了"四"，当然，老郑的手书也写成了"四"，所以容老说他写错了。容庚渊博的知识和惊人的记忆力折服了现场所有人。"阅览室"三个字到底写成了，老郑感慨万分地说："容老真是一'览'无遗啊！"

容庚研究金文，融金石之学入书法，既有出处，又显底蕴，更有人说他的篆书是真正的金文。他的学生周树坚说："容老的书法，书卷味很浓，写得平和，全因他学识之深。""金文是铸造铜器时所造，静穆、朴拙、厚重，很有质感。容老用毛笔写金文，结体与线条典雅蕴藉，含而不露。容老非但学术成就国际知名，其书法也居大家之列。"

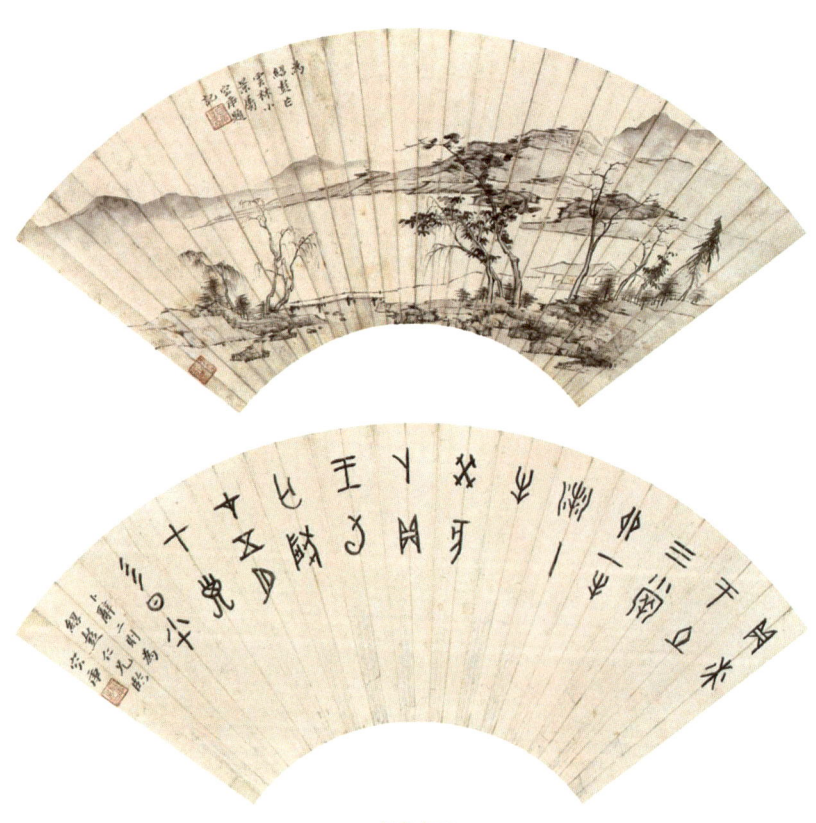

容庚字画

五代书香传

一门两大家

容庚家族

国学大师：容肇祖

GUOXUE DASHI
RONG ZHAOZU

容肇祖（1897—1994），字元胎，容庚的三弟，国学大师，明代思想史泰斗，其著作《明代思想史》被学界誉为「里程碑式著作，断代哲学史的典范」。

五代书香 一门两大家

容庚家族

一枚刻章激发的三种才华

人生的际遇真的奇妙，某一个点的情况不同，就是另一番天地。

比如容庚容肇祖两兄弟，在一个中学即东莞中学读书，同时接受四舅邓尔雅的指导，都爱上篆刻，但一个走向金文，一个走向思想史。这当然是我们在查阅了他们整个人生后，看到的一个节点。彼时，身在其中的他们毫无知觉。

容肇祖，字元胎，生于1897年，逝于1994年，享97岁高寿。是容庚的三弟，当代著名古典哲学家、史学家，他的著作《明代思想史》被学界誉为"里程碑式著作，断代哲学史的典范"。

青年容肇祖

他出生时，刚好是祖父去世后七天，于是，取名为念祖，肇祖这个名字是后来改的。对整个家族来说，祖父容鹤龄无疑是顶梁柱，这不只是因为他是家族历代中书读得最好的一位（进士出身），还因为他是家中的经济支柱。在现在能查阅到的所有资料中，均没有明说这一点，但能明确的一点是：容家确是从他逝世后开始衰落的。当然，家道中落跟当时国家、时势的动荡也息息相关。

但取名念祖的他，并不受宠。妻子袁熙之在回忆中说道："家里把他的出生看作不祥之兆，从小受歧视，常被打骂，受到虐待，有时被关在一个屋子里罚坐、罚跪。"大家族里的事，咱在电视剧里也看得多了，而现实往往比小说电视剧更有想象力。不过，兄弟间的感情与相处是不错的。

现在往回看，可以看到容庚与容肇祖学术道路的萌芽始于跟随四舅邓尔雅刻章之时。

为了让儿子们有好的学习环境，容母曾四次搬迁住处。这个"好环境"中，四舅邓尔雅是极为重要的组成部分。所以，容母总是刻意地与外家为邻，容家三兄弟也觉得从外家得益良多。

在与外家为邻的日子里，容庚常和二舅汝霖、表兄懋勋一起品评家中收藏的书画，观点与灵感碰撞让彼此都觉得很有收获。而二舅书画上的题签，也就是题字多由肇新来写，能受到饱读诗书的二舅的认可，可见其书法应该是相当不错的。兄弟三人都随四舅学习篆刻。前面曾提过，在邓蓉镜家，篆刻是寻常事，家里每个子弟都会，邓尔雅的篆刻当时已是名闻岭

容庚（右一）、容肇祖（左一）与表哥邓懋勋1931年于北京合影

南。而在篆刻之外，邓尔雅在文、史、画方面造诣素养也极为深厚，在这些方面也均给予三人指导。读书，画画，写字，还有品评，时光静谧而美好。

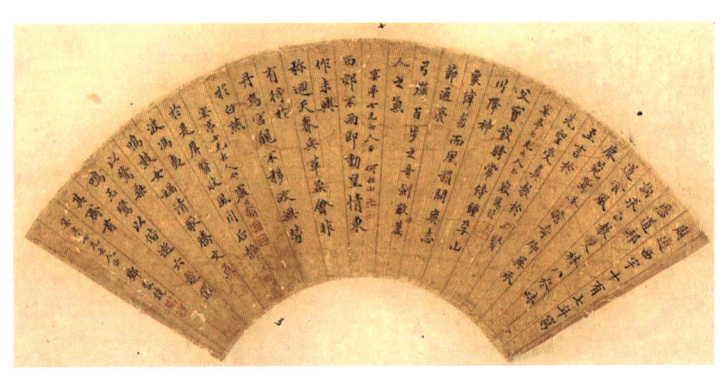

邓蓉镜《小楷扇面》

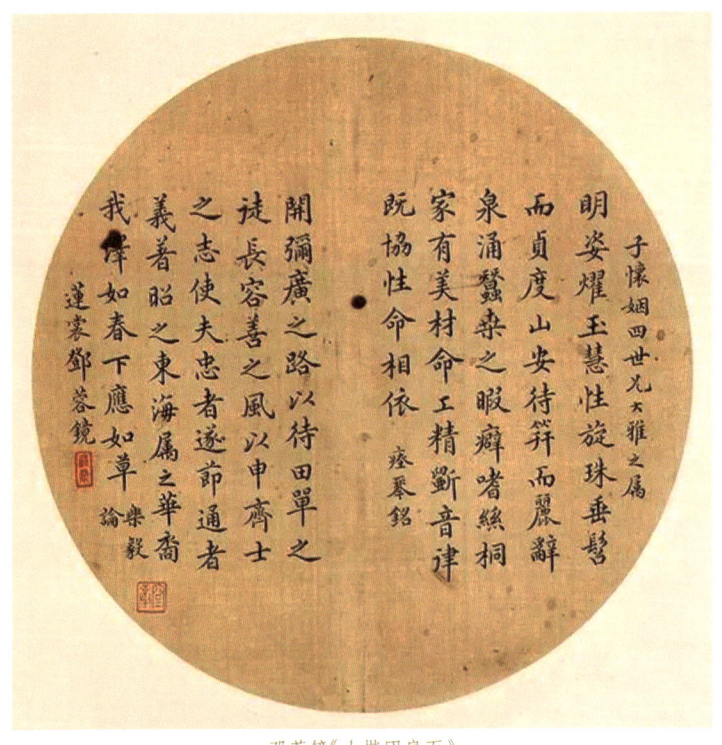

邓蓉镜《小楷团扇面》

学着学着，三个人的兴趣慢慢有了不同，各自的学习也有了不同的侧重点。容肇祖在《我的家世和幼年》中写道："都随四舅刻印章。大哥以后不久，即随四舅草创《金文编》；二哥于书法外，以刻印称；我随四舅学诗。""我们间或谈笑，自认为我们兄弟所学，画诗书三绝都备，一家文艺不用他求了！"同样的篆刻，融及不同的人，激发出不同的才华。这正是精彩之处。

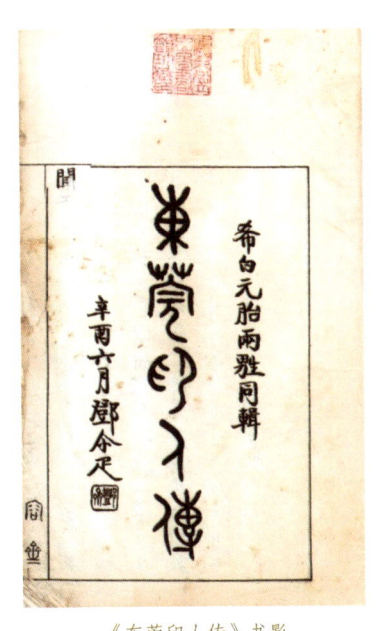

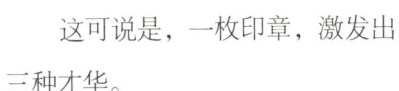

《东莞印人传》书影

这可说是，一枚印章，激发出三种才华。

这里要说一下容庚的二弟容肇新。这是一个非常有才华的孩子。但在那个缺医少药的年代，却因胃溃疡卒于旨亭街家里，年仅20岁。

容肇祖在《我的家世和幼年》中写道：

二哥少聪颖，比长兄肇庚少二岁，在学习中功课评列或居长兄之前。学习辛勤，孜孜不倦。爱读《文选》《韩非子》等书，工书法，初学颜真卿，后得包世臣《艺舟双楫》，康有为《广艺舟双辑》，读后，始改学北碑，尤爱《张猛龙碑》《郑文公碑》等。

肇新年纪轻，但对书法的领悟已经相当深，曾说："唐务闲架而失也矜持，宋尚意态而失也轻佻，不若北碑古茂渊懿，多变化也。"他们的二舅汝霖喜好收藏字画，每属意他来题签，一点也不介意他年少。自1915年，四舅尔雅还居东莞，他就从尔雅学刻印，因为四舅号万岁，他就自号千秋。近代篆刻家中，他酷爱邓石如、赵之谦、吴熙载，时或仿汉印秦小篆，邓尔雅看了极为称赞。

肇新去世后，容肇祖和容庚为了手足深情，特编《东莞印人传》（石印本），这是他们的处女作，作为对肇新沉痛的哀思和悼念。其中收录十九人，各附印章，以容肇新为殿。四舅尔雅题《醉太平》词云："索丘典坟，北碑籀文，在旁珠玉相亲，柰难招魂。紫泥旧痕，遗编仅存，倘天假以秋春，宁止传印人！"此外，叶舟辑的《广印人传》中也有容肇新的记载。后来在整理遗物中，发现了肇新的一枚刻有"焦桐幸草"的印，真是印谶啊。

那么，邓尔雅又是如何用刻章来激发他们学习热情的呢？

辛亥革命前，肇祖上过几年小学，因家境困难中断，在家自学。家里藏书不少，舅家书籍也十分丰富。他一有空就到书房泛览各种书籍。无师自学，对尚未入门的青少年无疑困难是较大的。书房藏书似大海，如何把握航向前行是困难所在，在惊疑与问题困惑着他的时候，幸遇四舅邓尔雅。正好此时，邓尔雅从广州辞去小学教席回到了东莞。邓尔雅重视治学的基本功，在教育方法上顺应青少年记忆力强的特点，对历史事实和优秀文学作品，如诗、词等，引导他们讨论记忆。容肇祖说："至今许多名著尚能记诵，使我终身受益匪浅，对我后来在大学学习和教文、史、哲等科起着巨大的影响。"

邓尔雅循循善诱，根据青少年的好奇特点和潜在的学习能力，以多种方法鼓励、肯定、激发他们不断向前奋斗的斗志和克服困难的勇气。他深刻理解青少年酷爱刻印章的心理，启发他们深入领会要有一定文字学的基础才能刻好印，这样就必须懂得文字的渊源变化，要解决这个问题，就要重视文字工具的研究，翻阅许慎《说文解字》、吴大澂《说文古籀补》和段玉裁《说文解字注》等书。

为了刻印章，还要参考秦汉金文、古铜印谱、封泥，下及邓石如、赵之谦、黄士陵等印谱。而为了读古书,还要注意古篆隶字形演变和字音的通假关系,翻阅阮元《经籍纂诂》、王念孙《读书杂志》、俞樾《古书疑义举例》等著作。从刻印的兴趣,他步步深入地把容肇祖和容庚的学习中心纳入正常轨道,将他们的好奇意识自觉地转到必读文史古籍等方面去。那以后,容肇祖标点过《纲鉴易知录》,读诸子书和康为《新学伪

邓尔雅

经考》、章炳麟《国故论衡》等。这样边读、边理解、边谈论的学习方法,较之前无目的阅读显然好多了。

刻印激发出不同的兴趣后,在升学问题上,容肇祖与大哥容庚又有了一个不同的节点。他升师范继续学习,专业是英语。

1917年冬,容肇祖从东莞中学毕业。容庚于前一年毕业,但没有升学,在家学画画并著述《金文编》。到了1918年,容庚觉得自己已经没有升学了,弟弟必须升学才行。但当时,容家经济困难,容肇祖报考了不收学膳费的广东高等师范学校。

不过,这年广东高等师范学校招生只英文、数理化、博物三部,不招国文部学生。肇祖想报考的是英文。肇祖毕业后距暑期广东高等师范学校考试尚有半年,因与族叔祖椿商量,这半年中在他家住,补习英文。这年肇祖到广州,住容祖椿家,在广州补习英文,初在华林寺内廉价补习学校。三四月后,转到容伯挺(广州《国民日报》主编)与邹介轩办的英文补习班学习。后考入了广东高等师范学校英文部。

不久四舅邓尔雅由东莞迁到广州居住。肇祖入广东高师英文部第

一年时,在四舅家住宿,后来在高师宿舍住宿。对高师的教学,容肇祖印象深刻,他后来在回忆中写道:"英文教师主任为程华灿,美国纽约大学理工科毕业,教导很认真。还有历史教师罗富生,课本用马尔《通史》英文本,我很用功,每上课前都自习。"

暑假后肇祖就是高师英文部二年级学生了。这年高师同学办有《高师杂志》,东莞莫衍钧主编,肇祖任编辑,撰写论文《师许》,认为文字学是学习国文的阶梯,主张学许慎《说文解字》,如此易于掌握我国文字的构造和便于记忆。此外还与大哥容庚编有《印话》,是关于刻印的记述,又送去自己若干首诗稿。《高师杂志》卷首题字是他用篆书写的。

1919年夏,五四运动的进步思想传到广州后,容肇祖同其他爱国青年一样深受鼓舞。他积极参加了学校组织的宣传队,到佛山、九江、大同等村镇,宣传爱国思想和抵制日货。通过一系列的社会活动,他开始意识到了当时"祖国的贫困,人民的灾难",思想上受到很大的震动。

1921年秋,容肇祖从广东高等师范学校毕业后,先后到杭州、上海、南通、北京等地参观,之后回到了母校东莞中学任教。半年之后,他和容庚支持东莞中学校长实施"男女同受教育",校长被撤换后,兄弟二人同情校长,辞去中学教席,共同北上求学。

容肇祖对邓尔雅指导其兄弟们的回忆

"邓尔雅舅父重视治学的基本功奠基功夫,在教育方法上顺应青少年记忆力强的特点,用历史事实和优秀文学、诗、词等引导我们讨论记忆,至今许多名著我尚能记诵,使我终身受益非浅"。"他循循善诱,根据当时我们青少年的好奇特点和具有的潜在的活动能力,以多种方法鼓励、肯定、激发我们不断向前奋斗的斗志和克服困难的勇气。1913年,邓尔雅回乡并指导容庚兄弟学习,这为他们一生之成就奠定了基础,容庚由此对古文字产生了浓厚之兴趣。多年后,容肇祖在自传中对此仍念念不忘。

随邓尔雅习篆刻者除容庚、肇祖外,还有容庚之仲弟肇新(1896—1915),肇新亦嗜刻,可惜年及弱冠即因病而亡。图为《东莞印人传》中所载容肇新小传。

容肇祖对邓尔雅指导其兄弟们的回忆

"三进三出"中山大学

读书的路,容肇祖比容庚平坦顺利,没有大的起伏,一步步按部就班。后来,兄弟俩都在高校任教,且一生都是,但相比之下,容肇祖的职业经历更多更杂些。容庚一生只在北京大学、燕京大学、岭南大学、中山大学四所大学任过教。容肇祖则在厦门大学、岭南大学、中山大学、辅仁大学、北京大学都任过教,中间还调任北京市政府文教委员会文物组。

这当中,颇有传奇色彩的,就是他三进三出中山大学的故事。

对容肇祖来说,考试从来不存在什么问题。半点英文基础都没有的他,经过半年的学习,就考入了广东高等师范学习,学习能力绝对是毋庸置疑的。1922年这次北上,他的目标是北京大学,专业是哲学;大哥容庚的目标是朝阳大学,专业是法律。

很顺利,都考上了。

来到中国最高学府,容肇祖很兴奋,也很活跃。他入学的这年冬天,北大创办《歌谣》周刊。起初,他只是一个热心的读者,每星期买一份《歌谣》周刊。后来,他从一个歌谣的欣赏者,渐渐变成了一个歌谣的搜集者。1923年,他还参与了张竞生、顾颉刚等组织的风俗调查会。此后,又陆续为北大的《歌谣》周刊、《北大研究所国学门》周刊、《国学》季刊等刊物写过一些文章。1924年1月,容肇祖与顾颉刚、孙伏园、容庚等民俗学爱好者一道，于春天对北京妙峰山的进香活动做了一次调查。容肇祖写了《妙峰山进香者的心理》一文，刊登在《京报副刊》的《妙峰山专号》上。1925年秋，刘半农从法国留学归来后，容肇祖跟随刘半农先生学习语言学。

北大的生活，丰富而充实。

1926年秋，容肇祖从北大毕业。当时，厦门大学开办国学研究院，容肇祖担任厦大国文系讲师、研究院编辑，并和当时也来厦门大学任教的鲁迅、张星烺、顾颉刚等，出版了《厦大国学研究院周刊》。

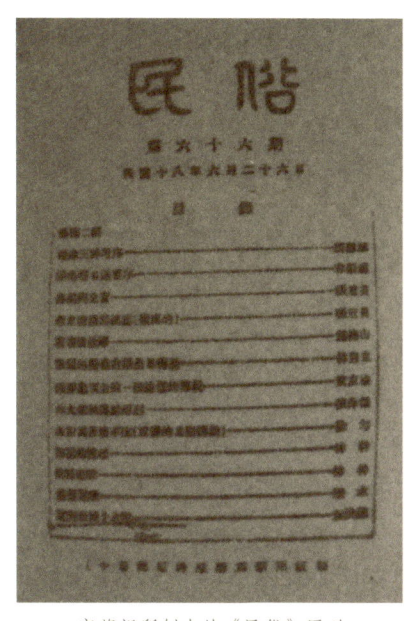

容肇祖所创办的《民俗》周刊

1927年春，厦大国学研究院停办，容肇祖回广州，到中山大学担任预科国文教员兼哲学系中国哲学史讲师，并在这年冬天，与先后来该校任教的顾颉刚、钟敬文等人，发起成立了中山大学民俗学会，同时创办了《民间文艺》（后改为《民俗》周刊）等刊物。这是他第一次进中山大学。

1928年，容肇祖在继续授课和进行古代哲学史研究的同时，将其主要精力转向了民俗学和民间文艺学的研究。同年4月，在中山大学顾颉刚等举办的民俗学传习班上，容肇祖讲授了"北大歌谣研究会及风俗调查会"的经过，此后，又与杨成志等人赴滇做西南民族的调查。暑假将毕，调查少数民族风俗习惯的工作尚未成行，容肇祖即回中山大学，由杨成志一人独去。容肇祖回广州后，撰写和发表了《敦煌本明妃传残卷跋》《占卡的源流》《德庆龙母传说的演变》等九篇论文。

同年10月，容肇祖继钟敬文之后，担任了《民俗》周刊的主编。至此，他看到民间文艺研究这棵幼苗已开始在中国文艺界显露，心中充满了希望。他曾暗暗告诫自己："一定要尽力把《民俗》周刊办好，让民间文艺唱得更响些，更有力些，更为大众所重视"。

1929年，是容肇祖在民俗学和民间文艺学史上最活跃的一年。他除继续担任《民俗》的主编以外，还积极参加民俗学会的各项工作。同年8月，出版了《迷信与传记》一书。由于他工作努力，成绩显著，因此被人们推选为中山大学民俗学会的主席。他曾拟出了具体的活动计划，并向校方请求拨出资金编辑出版民俗学丛书和"民俗物品展览室"物品的搜集，这些物品曾在西湖博览会展出。正是在容肇祖和其他民俗学爱好者的共同努力下，才使中山大学民俗学会的工作出现了兴盛局面，并成为当时全国民俗学和民间文艺学研究的大本营。

1930年秋，容肇祖离开中山大学，受聘到岭南大学任国文副教授。1927年进，1930年出，这是他在中山大学的第一个进出回合。在这段时期，他对民俗方面的研究最为感兴趣。

1930年之后的二年里，容肇祖除登台授课外，仍继续从事民俗学和民间文艺学的研究，先后发表了《祝英台故事集序》《田章故事考补》《山海经研究的进展》《冢志跋》《冯梦龙生平及其著作》等十多篇文章。

1932年秋，因岭南大学经费出现困难，容肇祖重新回到了中山大学，初在国文系，因反对读经的复古课程，改在历史系任教。

1933年1月，容肇祖再次担任了中山大学民俗学会主席，并积极从事《民俗》周刊的复刊准备工作（1930年4月《民俗》周刊因故停刊）。同年3月，《民俗》周刊复刊，容肇祖继续出任编辑，并为复刊号写了《卷头语》《民俗学参考书报介绍》等文。

然而，好景不长，中山大学停聘，他后来回岭南大学国文系任教。此后，周刊曾复刊，但只出了十三期，又于1933年6月被迫停刊。

1932年进，1933年出，这是他在中山大学的第二个进出回合。这段时间，他的重点依然在民俗学领域，但自1933年起，他的研究重点转向了古代文学史和哲学史的研究。

1934年，容肇祖受聘到北京辅仁大学，兼任北京大学哲学系讲师。从1934年秋到1937年夏，容肇祖积极推行学术研究，先后修改出版了《中国文学史大纲》《魏晋的自然主义》《韩非子考证》《李卓吾评传》等多种学术专著。

此外，还发表了《月令的来源考》《何心隐及其思想》《吕留良及其思想》《辅仁学德》等二十余篇论文。这是一段学术上喷发的时期。

1942年1月珍珠港事变后，香港为日寇占领。香港通航时，容肇祖乘轮船经虎门返东莞城外篁村。当时他的七妹七娱（yú）在该地做妇产师。当时乡村无以为生，容肇祖带着妻子和剖腹出生的婴儿逃至非沦陷区乐昌县坪石镇。当时中大，因日军占领广州，也迁在坪石。此时，他第三次进中山大学，补的是罗香林的缺，任历史系教授。中大人事处一份文件说了相关情况：

> 查文学科历史系教授罗香林先生迄今尚无返校消息，所任必修科目《中国史学史》《断代史》尚乏人讲授，顷得前史学系教授容肇祖先生来函，知已自港逃出，回东莞常平乡，当可返校任教。容先生在本校历史甚久，曾担任中国语言、哲学、历史系科目有年。

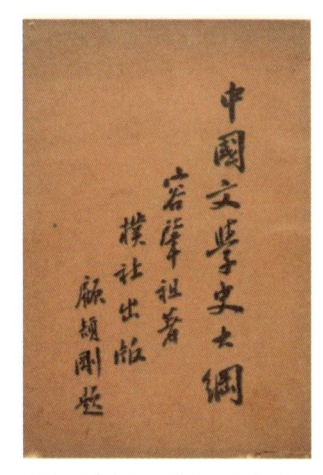

容肇祖《中国文学史大纲》书影

容肇祖与袁熙之及儿子合照

在坪石期间,老师和学生生活之困苦是难以想象的。

容肇祖当时租到了一小屋,仅能容一床一桌,床的后面仅隔一板壁,旁边是房东老人的猪圈和厨房,老人煮饭、煮猪食等均烧柴火,房无窗,黑烟夹臭气俱来。生活在困穷中,卫生条件无法改善。1943年夏,他患病,镇上缺医药,医生误诊为恶性疟疾,病日加重,家人促其往乐昌中大医校附属医院。到医院后,几死而获再生。

抗战胜利后,中山大学迁回广州,容肇祖随校迁回。因为支持进步学生运动,他受到国民党特务迫害。1946年,在得知国民党当局要对他加以迫害的消息后,他不得不匆匆取道香港北上。同年10月,受聘为北京大学哲学系教授。他与中大的聘约也自动结束。

1942年进,1946年出,这是他在中山大学的第三个进出回合。在这段时间,时逢抗战,民族危亡,和所有中国人一样,容肇祖忧心忡忡,过着颠沛流离的逃亡生活。

明朝的这些人这些事是他发掘的

明朝那些事,你知道多少?

开国皇帝朱元璋,相信很多人都知道,建了故宫的朱棣,知道的人应该也不少。此外,可能还有海瑞——著名的清官,因为那场史无前例的"文化大革命",可能也有人知道。至于何心隐、李贽、吴廷翰、方以智这些,你如果连听都没听说过,那也一点不奇怪。因为,关于他们的记载实在太少太少了。但事实上,明朝的历史离不开他们,中国文化进程中也离不开他们。他们,被湮没了,最大的原因当然是不为当局所喜,以至于想把他们曾经的足迹也抹得一干二净。

但历史就是历史,再怎么由人打扮,仍然有蛛丝马迹显露出来。把这些踪迹清理出来,还一个本来面貌,哪怕只是万分之一,也是身为史学家该承担的责任。虽然这责任经常被故意地视而不见。容肇祖做到了。他以史学家的严谨、哲学家的逻辑,把那些湮没于明代历史的人一一发掘出来,擦去灰尘,恢复他们原来非凡的面貌。事实上,在他的学术生涯中,发掘被湮没的历史人物,还本来面貌,一直是他最重要的方向,不仅仅止于明代。

容肇祖对明朝一些人一些事的发掘,起因跟一个人有关,那就是胡适。可以说,胡适是邓尔雅之后,影响容肇祖学术方向的又一人。

1917年胡适自美国返回后即在北京大学文科任教授,在五四反封建爱国运动和提倡白话初期,是与陈独秀站在运动前列的冲锋陷阵的主将。由于他当时思想先进,讲课内容丰富,有自己的见解,给人以新颖启发,因此也受到学生的欢迎。他提倡大胆怀疑、辨别真伪,对大量古籍记载爬梳洗剔,进行科学分析,引导学生自由选择研究,在学生中影响巨大,开列阅读的书目也极有指导意义。容肇祖同样深受其学术思想影响。

1924年是清代著名思想家戴震诞辰二百周年,北平学界的纪念活动热闹一时。此事由梁启超发其端,胡适随其后,历时20个月撰成长达七万字的《戴东原的哲学》。容肇祖在他讲论戴震学术思想基础上,阅读他提供的戴震著作目录,又购得戴震《叙言》,与戴震《孟子字义疏证》校勘比对,复参考其他相关书籍,于次年2月写成《戴震说的理及求理的方法》一文。

这篇专业文章具体内容如何就不在这说了,作为容肇祖本科生的首篇论文,便发表在胡适主编的北大《国学季刊》上,起点不可谓不高,亦可见胡适对他的赏识。晚年他犹回忆说:"这对我的激励和鼓舞是不小的。"

此外,容肇祖的《述复社》一文梳理明末文学兼政治团体复社的起源和发展,亦是在胡适的直接指导下完成,连题目也经胡适改定,

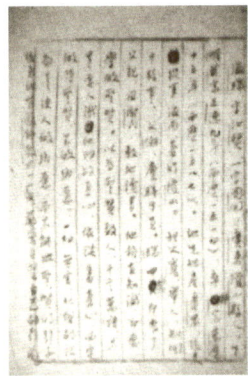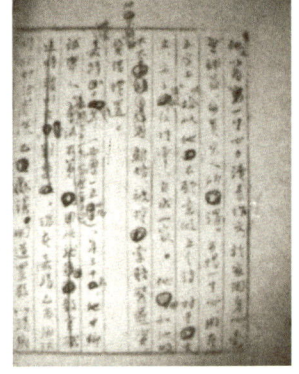

容肇祖《海瑞的生平与思想》手稿

发表在《北大研究所国学门周刊》。该文被同乡张荫麟在《清华学报》作长篇提要加以介绍。

《中国哲学史大纲（卷上）》述至韩非子而止，胡适久欲续作，但进展缓慢，陆续发表的《中国中古思想史长编》也仅到西汉董仲舒为止。老师有意而未成，容肇祖颇有意续成之。他在1925年、1926年，即大学三四年级之时，便开始钻研魏晋思想史，并留有详细的读书笔记，后来整理为讲义，即《魏晋的自然主义》。后来再上溯下延，著成从汉至唐的《中国中古哲学史引论》。

在与胡适的相处中，容肇祖发现，老师对明代学术思想抱有偏见，认为从总体上来看明代学术思想贫乏不深刻。他在钻研黄宗羲的《明儒学案中》之后，不同意胡适的看法。他遍读《明儒学案》中的例举之书后，在肯定黄宗羲"编述的好处"的同时，又认为时代前进了，思想认识发展了，今日不能靠"二百数十年以前人的论述，以为观察前人思想的标准"。

由此，也开启了容肇祖明代思想史研究的漫漫征程。

他发掘了陈献章及其大弟子林光等思想家，并撰写了论述陈献章思想的文章，作为《明儒学案·东莞学案》的补篇。以后又写了黄绾、何心隐、焦竑、潘平格、吕留良等人的思想图史，这些均为《明儒学案·东莞学案》中不载或载之不详者，其1935年所撰《明代思想史》更有力地论证了明代学术思想是丰富的，论证了明代对宋元以来的思想是有新的发展的。

下面，选四个例子来看看那些被湮没的明朝士子是如何的惊才绝艳。

一是，整理编辑《何心隐集》。

何心隐（1517—1579），原姓梁，名汝元，字夫山。永丰（今属江西吉安府永丰县）人。明代学者，曾从颜山农学，属王艮创始的泰州学派三传、泰州学派代表人物之一。

何心隐著述不少，但流传下的很少，而且长期以来只有手抄本。容肇祖从1936年开始搜集、抄录何心隐著作加以校勘、标准，又多方搜集有关何心隐的传记、序跋、祭文以及其他参考材料21篇，为之撰序，对何心隐一生事迹和思想做了详尽的考证和公正的评价，纠正了被歪曲的历史。1960年，中华书局出版了他历时20余年研究和整理的《何心隐集》，1981年第2次印刷。这为研究泰州学派和何心隐思想提供了较全面的资料。他认为何心隐是泰州学派的一员健将，有着伟大的人格与精神。

何心隐这个人非常有个性，乃至不为当时社会主流所容忍，被称为"异端"。他曾在家乡江西永丰试行过一套乌托邦，"构萃和堂以合族，身理一族之政，冠婚、丧祭、赋役，一切通其有无"。与他同时代的西方思想家康帕内拉的太阳城还只写在纸上，何心隐的萃和堂却已建在地上，行动上早已领先了。

他反对"无欲"，主张"寡欲"，与百姓同欲。他猛烈抨击封建专制主义，提出"无父无君非弑父弑君"的观点，五伦中，他最重朋友，其思想反映了资本主义萌芽的某些特点。

他还计倾罢奸相严嵩，事泄后改名换姓，逃到南方。得罪一位当权者后他也不怕，继续得罪另一当权人物张居正。他在张居正父亲的丧礼上送怪兽，这礼物送得相当有创意，气得张居正要毁天下书院来报复他，并通缉他。

万历七年（1579），他在祁门学生胡时和家中被逮捕，押解至武昌，泰州学派许多重要人物奔走营救。湖北巡抚王之垣为讨好张居正，将之下狱，九月二日用沙袋将其埋压致死。

二是撰写《李卓吾评传》《李贽年谱》。

李贽是明代著名思想家，反对礼教，批评程朱学派，反对以孔子之是非为是非，以"异端"自居，在中国哲学思想史上有着特殊的地位。然而，无论在新中国成立前还是成立后，对李贽生平的研究，却不甚了了，这样就说不清其思想产生的背景。

早在明朝，他的主要著作被列为禁书，甚至黄宗羲编撰的明一代学术思想史《明儒学案》中亦无李贽任何资料。有关李贽的身世生平、思想背景和著作等则有许多混乱，如《四书评》《史纲评要》等常被误认为李贽所著。容肇祖撰写的《李卓吾评传》和《李贽年谱》，摆脱了历来对李贽的偏见，观点公允，是对李氏生平进行详明考证和论证的著作，核实了所见李贽著作目录23种，澄清了史实，有着很高的学术价值。书中一些论据和考证材料，为许多学者编撰中国哲学史和理学史专著所征引。

李贽这个人是个奇才。12岁时就写出《老农老圃论》，把孔子视种田人为"小人"的言论大大挖苦了一番，轰动乡里，26岁中举人，30岁至45岁为官，先后任河南辉县教谕、南京国子监博士、北京国子监博士、北京礼部司务、南京刑部员外郎和郎中，最后出任云南姚安知府。

揭露道学家们的伪善面目，反对以孔子的是非观为是非标准，批判的锋芒直指宋代大理学家周敦颐、程颢、张载、朱熹。这是李贽一生的价值取向，也是他著述的方向。所谓"异端"即由此而来。

不做官后，李贽着力于著述、讲学。他一开坛讲学，无论是寺庙的和尚，还是深山老林的樵夫、农民，甚至连羞答答的女子也勇敢地推开闺门，都跑来听李贽讲课，几乎满城空巷。一下子，李贽成了横扫儒、释的学术明星，偏偏他讲的学是对统治阶层极为不利的，群起围攻，就是免不了的了。而李贽则直接宣称自己的著作是"离经叛道之作"，表示"我可杀不可去，头可断而身不可辱"，毫不畏缩。

三是发掘吴廷翰并整理其著作。

吴廷翰是明代唯物论大家王廷相哲学思想的继承者和阐发者。王廷相是明弘治中以李梦阳等为代表的文学复古运动的"前七子"之一,明代以来以文学名世,而其哲学思想却不为世人所知。

当代著名哲学家张岱年先生在其1935年撰写的《中国哲学大纲》中初步发掘了作为唯物论者的王廷相,但王廷相是否如黄宗羲在《明儒学案·诸儒学案》中所说的那样"或无师承""或当时有所兴起,而后之学者无传者"呢?容肇祖于1962年首先发掘了吴廷翰的有关资料,1965年撰有《吴廷翰哲学思想概述》,论证了吴廷翰与王廷相思想一脉相承,1984年又校点并由中华书局出版了《吴廷翰集》(其中《洞云清响》为笔者所提供)。而后,才分别有衷尔钜著《吴廷翰哲学思想》(人民出版社1988年版)和姜国柱著《吴廷翰哲学思想》(安徽人民出版社1990年版)。

关于吴廷翰的思想,倒是可以来仔细了解,因为其所说,到今天也依然通行,比如关于知行合一。在这一问题上,程朱理学家主张"知先行后"说,王阳明反对程朱"知先行后"的观点,进而提出"知行合一"说,吴廷翰批判王阳明"知行合一"说,"适足以掩其知而不行之过,而欲以讲说论辩为圣贤也"。他指出王阳明"知行合一"的实质是"知而不行"。吴廷翰主张知行是对立统一的关系,既主张知行是二,又承认知行不离。因此,既反对"知先行后",也反对"知行合一"。他认为知与行是为学的两种途径,从求知这一目的说是一,从功夫来说,知行则为二。

四是发掘方以智。

方以智也是一位奇才,非常博学,天文、地理、数学、经济、文学,无一不通。他还是一位科学家,最早接受西方科学观点,其哲学思想藏于科学之中。他提出具有实证性质的"质测之学"以及"含二而一"等命题丰富的辩证法思想。明亡前,其哲学思想具鲜明唯物论性质,得到哲学大家王夫之的高度赞扬。

但长期以来,人们只把他看成曾主盟"复社"的"明末四公子"之一,或抗清志士或削发僧人,而缺乏对他的学术思想的研究。20世纪40年代末,容肇祖最早在《岭南学报》第九卷第一期发表了《方以智和他的思想》,这是当代最早从哲学世界观和认识论等方面肯定方以智唯物论思想的论文,引起学界注意。20世纪50年代以后,学界才从多方面陆续研究方以智,并先后出版了《东西均》《通雅》等。对方以智的研究,容肇祖可算是当代的肇始者。

方以智的学术思想中,有一些是我们日常也会接触到的。比如,关于对立与统一的关系。今天我们都知道事物对立统一的特点,但在几百年前,能看得这么透的古人可不多。方以智指出:"吾尝言天地间之至理,凡相因者皆极相反。"(《东西均·反因》)方以智认为,宇宙间普遍存在着矛盾对立的现象,昼夜、水火、男女、生克、刚柔、清浊、明暗、虚实、有无、形气、道器、真妄、顺逆、安危、劳逸等,都是"相反"的。自然界和人的生活充满了矛盾。他举例说,人的走路也是矛盾,步行的每一步都是既有所取而又有所舍。恩格斯曾指出,运动本身就是矛盾,简单的机械的位移也是矛盾。在这一点上方以智显示出他对生活的深刻的辩证观察。

在方以智看来,对立面的相反相因,同时包含着矛盾的相互转化:"雨露而霜雪,春生而秋杀。吉凶祸福,皆相倚伏,生死之几,能死则生,狥生则死,静沉动浮,理自冰炭,而静中有动,动中有静,静极必动,动极必静,有一必有二,二本于一,岂非天地间之至相反者,本同处于一原乎哉?"(《东西均·反因》)正像春生转化为秋杀,秋杀又转化为春生一样,生与死、吉与凶、福与祸、动与静无不互相渗透,互相包含,互相转化,把转化看成是事物对立面的同一性的重要内容,这是方以智辩证思维的一个重要特点。

在容肇祖的学术活动中,可以清楚看到,他非常注重从浩繁的古籍中,零星地发现那些具有叛逆精神,而又长期被湮没、压抑、禁锢,且鲜为人知的思想家的事迹、著作和思想,发掘他们的"潜德幽光",使之不再被埋没。在他70多年的学术生涯中,许多精力都集中在这些思想家身上,孜孜不倦地奋力搜求,著述阐扬。

《容肇祖·前言》中说:

> 选印这些论文,是因为有些材料来之不易。有些思想家由于他们的著作被禁锢或散失,还没有得到他们在历史上应有的学术地位,长期不为人所重视。如吕留良,反对清朝贵族的专制统治,宣扬革命思想,受其影响的有曾静。曾静劝说岳钟琪反清,被揭发后,清朝发动文字狱,曾静、吕留良被戮死灭族,门徒被杀,著作被禁毁,其有别人著书涉及吕氏名字典的,亦被抽毁。吕留良的著作,传世不多,我努力搜求,实非容易。

这种拾寒琼于芳草,关注平民与草根的精神,在声誉上,让他赢得了海内外学者的尊重;在学术上,则获得新的视角,新的研究角度,而这正是无数一流学者一辈子孜孜以求的。也正是因为这样,容肇祖的著作在历经几十年后,依然是众多学者案头必备书,比如《明代思想史》。

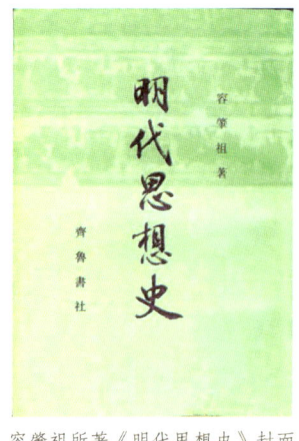
容肇祖所著《明代思想史》封面

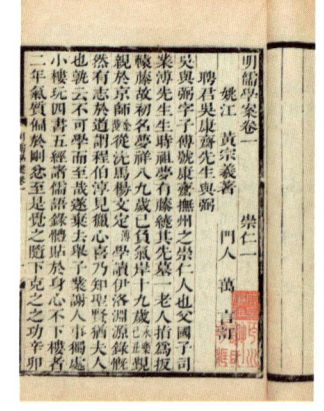
《明代思想史》内页

《明代思想史》最初作为北京大学的讲义印发，后由开明书店于1941年出版。该书是一部拓荒性、奠基性的学术专著，它总揽明代思想全局，对明代思想的发展做了全面系统的论述。从它出版至今半个多世纪以来，一直受到国内外学者的称誉与推崇，举皆认为具有很高的学术水平与科学价值，被视为治明代思想史所必备的重要参考，教育了几代学者，并使海外学者深受其益，被誉为"中国断代哲学史的典范"，"中国明代思想史研究的名著"。

1981年5月，日本当代享有很高声誉的资深中国哲学史学者、京都大学名誉教授岛田虔次先生应中国哲学史学会之邀来北京进行学术交流，在北京大学临湖轩的一次座谈会上，得知容肇祖先生在座时，肃然起敬，立即至座前深深鞠躬致礼，声称自己学术思想和成就深受容肇祖20世纪40年代初出版的《明代思想史》等著作的影响，重以弟子礼拜师。

1981年10月，联邦德国博士、马堡大学教授中国哲学史专家余蓓荷（Dr. Nonika Vbeihor）为研究泰州学派创始人王艮，亲至容宅求教，并称这是她不远万里访华的主要目的之一。

1956年，苏联著名哲学家、苏联科学院哲学研究所所长谢宁和东方哲学室主任杨兴顺为编写《中国哲学史》，其中明清部分特恳请容肇祖撰写。

1987年，美国学者马紫梅、日本学者志贺一郎、瑞典学者隆德尔等都曾分别指名要求单独向容肇祖问学和交流。1991年，台湾辅仁大学教授刘义胜四次登门造访，问学关于《解老》《喻老》以及有关《古史辨》等问题。

中国研究史学、思想史的人不少，但历经沧桑岁月之后，有真知灼见的，会留下来；而附会历史之作，则注定要退出舞台，为人所忘。人与人之间，最给打动人、吸引人的，不是事业上的成就，而是其"人"本身。个人认为，容肇祖之所以能赢得学界如此敬重，学术成就是一方面，但更重要的是在他学术生涯中，对被湮没者及其成绩的发掘，这是在还历史以真相，更是对人的尊重。

据悉，容肇祖学术著作宏富，1920年开始发表译著，1924年发表论文，从1929年出版第一部专著《迷信与传说》，不计抗战和"文化大革命"中佚散的许多文稿（如《中国目录学》《清代思想史》《李贽传》等专著），先后出版撰写、编著、整理的专著有15部，发表学术论文约百篇，总字数达数百万字。

这些著作学术水平高，观点见解独到，具开拓发掘性，在国内和国外都有较深的影响。据悉容肇祖的《明代思想史》《魏晋自然主义》《韩非子考证》《李贽年谱》等，在我国台湾、香港地区及新加坡、英、美、德、日等国翻印作教材或参考书，虽属侵权盗版，但也说明其著作的影响。

为什么那么多名家都喜欢他?

有一个很有意思的现象,就是在容肇祖学术路上,赏识他的名家大家特别多。

胡适上面说了,这里就不说了。此外还有不少人,比如,陈垣。

陈垣关心容肇祖的程度,可说到了父对子的程度。操心事业前景这样的事,不是真心爱护的话,谁会闲得慌做这样的事?陈垣就很关心容肇祖的前途问题,以至于1932年夏,他有事回广州时,多次和容肇祖聚谈。他认为容肇祖在广州转校多次,并且做学问不如在北京,问他是否愿回北京,容肇祖表示愿意。于是,次年他便收到辅仁大学副教授的聘约。

比如,陈寅恪。

陈寅恪见容肇祖赠吴宓教授诗中有"再见定公南渡集,滇南风物入诗评"之句。在知容肇祖极景仰龚自珍后,于是有和诗二首:"少年亦喜定庵作,岁月堆胸

1964年10月31日陈垣与容肇祖合影,右为容肇祖

久忘之。今见元胎诗绝句，居然重诵定庵诗。""定庵当时感蹉跎，青史青山入梦多，犹是北者全盛世，倘逢今日又何如？"

比如，鲁迅。

1926年，鲁迅任教厦门大学，容肇祖应顾颉刚之邀，在厦大研究院主编《厦大国学研究院周刊》兼任国文系讲师，此时，刚从大学毕业的容肇祖，已发表论文多篇，初露峥嵘，当鲁迅得知他正研究魏晋哲学时，主动将自己尚未付印的《嵇康集校本》（手抄本）借阅给他。这就有助于他后来完成《魏晋自然主义》一书。1927年鲁迅任中山大学教务长，特邀请容肇祖任该校预科国文系讲师兼哲学系讲师，又将自己编写好的尚未付印的《汉文学史》讲义借与参阅，这对他后来完成《中国文学史大纲》又是一大帮助。

比如，张星烺。

著名史学家张星烺也很看重容肇祖，得知他正在撰写《太王嫁女葱考》，即把自己尚未付印的《中西交通史》借与参阅。

当容肇祖一时失业没工作时，帮着推荐他的名师可说是一拥而上。

比如1927年春，厦大国学研究院停办，他也就失业了。没事可干，3月份就回到广州。这时林语堂写信把他推荐给鲁迅，同时顾颉刚又写信把他推荐给傅斯年（时任中大文科主任）。得两人推荐，容肇祖很快受聘于中山大学，任预科国文教授兼哲学系中国哲学史讲师。

为什么会这样呢？容肇祖为什么这么受欢迎呢？下面一条条来看下。

长得帅？

确实，虽然现在容肇祖先生已去世多年，但从有限的照片上来看，是长得蛮帅的。相信很多人都知道民国那位浪漫诗人徐志摩，也都知道他的长相。容肇祖跟他是同一年出生的，都是1897年。两人都戴着一副圆框的眼镜。但在气质样貌上，依笔者之见，容肇祖更胜一筹。比之徐志摩，他还多了一分忧郁气质，更为打动人。

日本汉学家朱之瑜是这样形容他的："仁义礼智积于中，恭敬温文发乎外。"用现代的话说，一个人的内在气质和修养与表现于外的为人行止仪态是完全一致的。他认识的容肇祖先生就是这样一种人，恭敬又温和。

有才？

这是必须的。来往的无一不是顶级学者，没些斤两，两三句话就露馅了。而学人之间相交，最能吸引彼此的也正是才学。与名家聊天，容肇祖都能聊到一块去。这种举止言谈间，流露出的学识特别为学人所看重。

民国十六年（1927），容肇祖30岁。这年三月他回广州，当时鲁迅任中山大学教务长。容肇祖当然要去拜访。谈话间，鲁迅送他《汉代文学史》讲义，以方便他上课。那会傅斯年正研究先秦诸子，免不了要聊到自己熟悉的领域，傅认为《庄子·齐物论》是慎到的著作，容肇祖马上举《史记》注中有说到"慎子著十二论"以之为佐证。这种学者之间的相谈，个中乐趣与满足，非场中人不能体会。试想，傅斯年遇上这么一个开口就能列出《史记》注来印证自己观点的人，应该引为知音吧。

陈垣治学精勤刻苦，对宗教、元史、年代学、校勘、辑佚、史讳等方面均有开创性的成就，著作宏富。还在北京大学听陈垣讲授校勘学时，容肇祖就十分服膺陈垣先生博大精深的学问，此后当面聆教或书信往来不绝。20世纪30年代，陈垣给容肇祖的信中，曾以

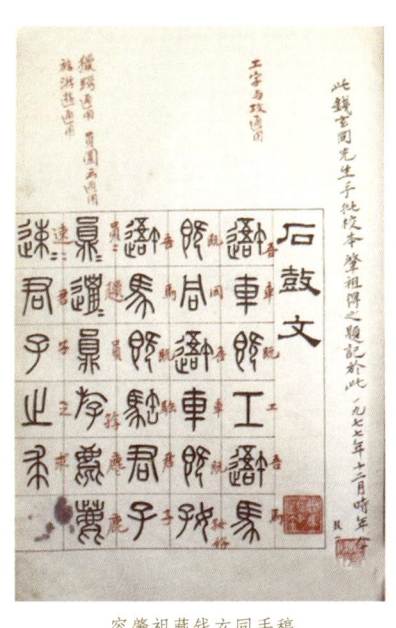

容肇祖藏钱玄同手稿

"粤中后起之秀,以东莞为盛"勉励之。而容肇祖收到信后,回信中写道,"新会之学,白沙之理学,任公之于新学,先生(陈垣)之于朴学,沈实精密之不可移易也。肇祖心仪者,盖在于是"。一句话,即可见其对当时学术人物之了解,否则哪写得出"白沙之理学,任公之于新学"这样的话。可以说,容肇祖不只有才,而且情商颇高。与这样的人交流,会是相当舒服的。

诗做得好?

当时学人中,个个都从旧学而来,古典文化素养非常深。交往中,写得一手好诗,那绝对是要加分的。容肇祖的诗,少年从跟随邓尔雅时就已显露才华。

1920年,他23岁,在广东高师三年级。彼时,四舅邓尔雅得了唐琴绿绮台,他得了一本绿绮台琴拓本,为了祝贺,他题了一首词:

风入桐秋,月窥帘寂,绿绮梧桐庭院。奏罢南风,抱残峤雅,飘零土花斑点。广陵散,宫声往,畸人剩幽怨。水山远,暗情移,桐无恙,弦未上,焦尾早经泪染。问古调谁谈,坐空斋银烛重剪。想牙琴邓牧,后世子云难见。

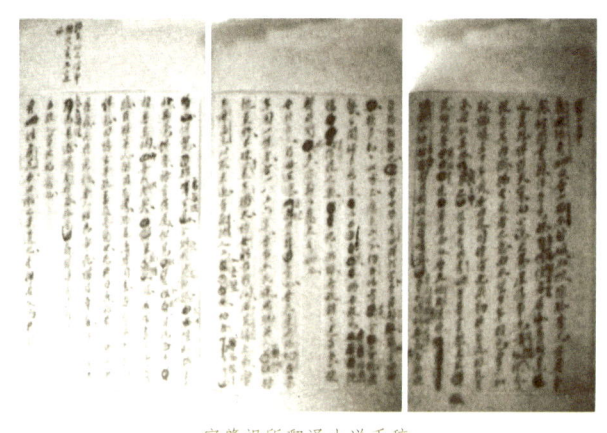

容肇祖所翻译小说手稿

词着实写得清丽动人，让人颇想起晏几道呢。词中最后一句典故来自元人邓牧，其著作《伯牙琴》自序云："三千后必有杨子云。"

1937年卢沟桥事件后，8月，日寇进攻上海，平津处境险恶，此时任辅仁大学历史系副教授的容肇祖联合该校教授，致电国民党南京政府出兵保卫平津。9月，北平沦陷，他只身匆匆随校南迁，看到同胞流离，遍地是无家可归的难民。他对国民党不抵抗政策极度不满，赋诗抒发对国事的忧虑和民族复兴的期望：

> 国破无家失自由，
> 登高何处属神州？
> 青山不比人经老，
> 风雨连天即白头。

朱自清读后认为最切时景。

抗战胜利后，1945年秋，中山大学复员，容肇祖任历史系教授。不久，全国各地发生了一系列迫害进步师生的案件，诸如一二·一昆明学生被屠杀惨案、重庆沧白堂殴打案和校场口血案等。在中山大学亦时有学生被殴打、失踪，壁报被撕毁等事件发生。容肇祖教授对国民党特务的倒行逆施，极为愤慨。当学生起来组织"人权保障大同盟"时，他积极支持，签名发起并领导历史系学生参加，同时在文学院讲"中国学生运动史"，撰写《范滂》和《五四运动》等文。1946年5月，香港《华商报》在广州的代理处和书店被特务捣毁和抢掠，他写信慰问，并附诗一首，又送去2000元，抗议反动派的行径，作正义的支援。诗中云：

> 是谁侮辱了"五四"？
> 极少数没头脑被指使的分子！

一门两大家　五代书香传

容庚家族

是谁捣毁了民意的报馆、文化的商店？
暴力强奸了正义，
横行率领着盲从！
鼠窃狗偷的胡为，
惊醒了等待民主跑来的好梦！
攻不破的是代表大众的喉舌！
毁不灭的是宣达民意的纸笔！
魑魅魍魉，白昼横行呵，
他们是到了垂死路上挣扎，
不要酌金泉，
一饮失廉洁，
不要丧心肝，
一丧没灵魂。
我这一点教书的束修，
秉着公愤的热诚，
送给代表大众的舆论者！
李斯上议焚书，
连着的是秦皇坑儒！
我们同一战线呵，
抗争的是真正的民主！

不只旧体诗素养深厚，新体诗也是手到擒来，这首诗气势磅礴，一气呵成，鼓动性十足。

性情好？

确实是的。对这位叔叔，容璞说："我叔叔跟我爸的性格不一样，他平和，温柔。我爸尖锐，心直口快。"

儿子容凯说，父亲性格温和，心胸坦荡，待人宽厚，从不斤斤计较。他对于算计和争斗毫无兴趣。他从不背后议论别人缺点,总是就事论事说道理,多讲别人长处和友情。他也不习惯打听任何小道消息。如果他认为别人做某事不妥,他愿当面指出,语言温和,态度诚恳,从不讥讽别人。他很少生气,绝不发怒,也不善大喜,所以性格上格外平静。

与这样的人相处,会是一件非常舒服的事。

形容一个男子的好,常用"温润如玉",这用于容肇祖可以说非常合适,温和、安静。

妻子袁熙之说:"1958年我受到不公正待遇,他不但没有对我责怪,而且十分理解我,比以前更关心我、体贴我,我常说是我连累了他,他每次都说,一家人不能这样讲,不能分彼此。"容肇祖去世后,袁熙之悲痛万分,每次想起他们共同生活55年的种种,就泪流满面。

袁熙之说,自己的许多亲戚在遇到困难时,他都慷慨帮助,从不吝惜钱财,助人为乐。尤其是"文化大革命"中,他自己被批斗,每月只发30元生活费,吴晗的两个孙子小彦和吴彰,无依无靠,无人敢管,一天夜里容肇祖冒着风险把孩子们约到中山公园给他们生活费,以后又约到家里,让他们吃顿饱饭,然后又送走。他一生从来都为别人着想,而他自己却节俭朴素,不讲究吃穿。

他从不训斥孩子

儿子容凯说,父亲对他与哥哥十分爱护,由于父亲受过封建教育压抑之苦,又接触新时代的教育思想,所以他从不训斥孩子,从不打孩子,尊重子女的人格,启发他们的个性发展,从不干预孩子个人的私事。他与哥哥从小就觉得父亲是位和蔼可亲的慈父,毫无畏惧之心。对这一点,容凯的体会尤深,因为相比之下,他小时候更为淘气、调皮,但也不曾遭到父亲的训斥。

容肇祖一家

容肇祖与夫人袁熙之（摄于1939年）

容肇祖的教子之道有三条。首先是以身作则，通过耳濡目染、潜移默化教育孩子。由于受到学者家庭环境的熏陶，两个孩子都有良好的读书习惯。他从小告诫孩子们：一个人应有志向、抱负和人生追求，应不断开拓进取。他对孩子们最大爱护莫过于充分信任，容凯与容伊考大学前均十分紧张，他却若无其事，总说："我的儿子，考上大学没问题。"话语中深含着对孩子的无限信任，从而让儿子更坚信自己，从容不迫地考入大学。容伊是航天部研究员，容凯是北京红十字朝阳医院心血管内科的主任医师，均成为各自专业的专家。

容凯说，父亲最珍爱的东西是古籍。

容肇祖这一辈子就是在书海中漫游而愉快地度过的。容凯说，新中国成立初期，自己家住北京东四十条，那时容肇祖是北大教授，在住处东院有两间专门的书房，摆满百余箱古籍。1962年搬到干面胡同宿舍，三间住房有四面墙都摆满书籍，使得屋中光线很暗。容凯印象最深的就是爬上爬下地找书，有时家中书不够，父亲容肇祖就去北京图书馆查找。对他来说，节假日最有乐趣的事就是逛琉璃厂古玩店，直至得病临终前，他一直每日读书、写作。读书是他一生最大的快事，而且是一成不变的习惯，而对看电影和电视节目却不热衷。在他沉入书中时，他常会入神，家人叫他吃饭或做什么事，他毫无反应，除非你把他的书移开,才会有效,他才意识到该吃饭了。这就叫作废寝忘食吧。

他常常为了搜罗整理一个思想家的著作,不仅奔波于各个图书馆,而且借读于书坊、书摊、手抄私人家藏书,甚至不惜重金购买孤本、雇人抄书等。经过70多年的广泛搜求,日积月累,精心研究,开拓前进,他先后出版了《何心隐集》《吴廷翰集》《李贽年谱》《李卓吾评传》等书,以及有关林光、陈建、黄绾、吴廷翰、焦竑、张溥、海瑞、潘平格、方以智、吕留良等哲学家、思想家的研究论文,这些著作的搜集整理出版和研究论文的发表,无一不凝聚着他的大量心血,也显现出他高深的学术造诣,读后令人感激他的功劳、敬佩他的精神。

他跟学生说,书要读对才行。他在《容肇祖自传》中说:

> 我认为研究著名哲学、文学、史学家的思想渊源、时代背景及思想源流和对后代政治、经济等方面的影响问题,有必要区分他们著作中的真伪,这是研究者应具有的科学态度,不能把历史传说附会之言或伪作的思想当作某学者的思想、著作,致以假乱真,这是我写考证文章的指导思想。

他不仅自己这样做,而且教育学生也要这样做。他常对学生及学者讲:"读书不得要领,劳而无功;知某书宜读,不得精本善本,则事倍功半;真书伪书不辨,把伪书视为真书,不仅坑害自己,而且贻误后人。"由于古书版本众多,真伪并存,因此要辨别真伪,选择精本研读,免得真伪杂芜,以伪为真,迷惘眩惑,误己害人。还说:"中国历代学者甚重'辨章学术,考镜源流',因为中国古代学术思想发展,是诸家蜂起,学派林立,源远流长,绵延不断,各家各派的思想发展,都有其思想渊源关系,各派之间既互争雄长,又互相影响,所以必须弄清各家学术思想发展的脉络,只有这样,才能了解中国学术思想发展的继承性、连续性、前进性、创新性,写出符合思想家思想发展实际的学术论著。"

让人读对书,这是他写考辨类文章的出发点。比如对《韩非子》各篇真伪的考证。

韩非是中国先秦法家集大成者,具有较深厚的唯物论色彩,其著作《韩非子》一书,司马迁提到过《孤愤》《五蠹》《内外储》《说林》《说难》。《汉书·艺文志》著录《韩非子》五十五篇。《四库提要》认为是韩非弟子在韩非死后收拾韩非之作成帙。胡适在《中国哲学史大纲》中认为"《韩非子》十分之中仅一二可靠"。容肇祖在1935年所著《韩非子考证》中做进一步论证,对55篇分别了"确为韩非所作""与韩非有关系的记载因而附入《韩非子》书中者""非韩非所作者""游说家言"和"未定为谁作"者,认定《五蠹》、《显学》、《难》四篇、《孤愤》、《难势》、《问辩》、《诡使》、《六反》、《八说》、《忠孝》、《人主》、《心度》、《定法》为韩非所作,其余均可疑。对他的考证在学术界虽有分歧意见,然而他言之有据,对以后研究韩非思想者很有启发。

做人宽和,做学问却严谨,这就是容肇祖。

容凯说,在他们的印象中,他做学问严谨,家人都确信他从不会写错字,连标点符号也一丝不苟。年轻人找他改文章,他定会一字一句地斟酌,生怕出一点谬误。

在学术观点上容肇祖总是千方百计地求实求真,不愿见风使舵,左右摇摆。在他看来,历史是真的实的,来不得半点虚假。他的勤奋不懈,严谨认真,跟兄长容庚如出一辙。他不仅自幼好学,大学毕业后,步入教育园地,在教学之余,不浪费分寸光阴,遍读图书馆和师友藏书,做笔记,做卡片,写心得,不遗余力。最感人的是,他这种勤奋治学精神至老不少懈。1986年,容肇祖以89岁高龄离休,但他离

容肇祖晚年照

而不休,除继续给研究生讲课外,仍孜孜不倦从事学术研究。有感于南宋胡寅具有丰富的无神论思想,他从1981年开始点校《斐然集》和《崇正辩》,在点校过程中,发现正文缺8页,为查找这8页文字,他多次到北京图书馆查对各种版本及有关资料,从居住地北京东城区的干面胡同至府右街往返挤公交车,这对一位年至九旬的老人来说,其艰苦自不待言。有时整日在图书馆查对,以带去的面包开水作午餐。最后一次因年老体弱,摔倒在图书馆门前车旁,卧床多日渐渐恢复,仍不肯罢休,继续查对,终发现由于奸臣秦桧兴"文字狱",在刊刻时为胡寅抽出而留下空缺,对此,容肇祖在序文中说明。此种治学精神,亲友及晚辈后学无不感动。

粉碎"四人帮"后,容先生已是年届八十的老人,他虽焕发了学术青春,几度曾想重振雄风,完成夙愿(那些被抄走而不见的未刊稿),但毕竟年龄不饶人。多次去图书馆查阅文献资料,而挤不上公交车，有时甚至被挤倒摔在车下的马路旁。夫人见此状，劝他不要再冒险了。然而，他不忍心自己从事了70多年的明代思想史研究的事业就此中断。从此他把愿望寄托在年轻一代的后学者身上。每每有人请教于他，他都循循善诱，诲人不倦，帮助后学者查阅资料、解答疑惑，阐发精义，修改文章。他凭自己的记忆给一位年轻学者提供了有关李贽著作真伪考辨的资料和线索，使之写了几篇关于李贽著作考辨的有说服力的文章，他读后甚为赞赏和高兴。一位年轻学者写《何心隐评传》，某些观点与他的有异，这位学者怀着不安的心情去请教他，他不仅没有不快之意，反而为其提供资料、补充证据，使其文稿更有说服力。

容肇祖的人生，愈到后面可说愈豁达，身处逆境时也能泰然处之，始终保持乐观情绪。"文化大革命"期间，他被大字报诬陷为"反动文人"。一天学部造反派要开他的批斗会，那时他已八十岁。妻子十分担忧他，怕他年迈难以支撑过火的批斗，也怕他感情上承受不住，因为他是一个在新中国成立前就追求进步，接近共产党的人却被打为"反动文人"，这是让人很痛心的。但他吃过午饭，照例午睡，很快还鼾声大作。

以后去河南息县"五七干校"时，让他拔鸭毛及和研究外国文学的研究员一起看菜地。看菜地时，他俩互相交流中、外文学趣谈，谈得十分投机。在干校时，他最年长，一天下雨，道路泥泞，他们需到数里外的食堂吃饭，回到宿舍后，鞋子和衣服沾满烂泥，他信口吟了一句"不尽泥巴滚滚来"。为此遭点名批评，说他对干校生活不满。

容凯说，父亲生活十分规律，早起早睡，坚持午觉，每天擦澡，从不随便打乱生活习惯，他十分遵从医生的要求，认为有病早治，认真服药。56岁时，查出他有轻度糖尿病，医生让他控制主食量，不吃甜水果。由于他是广东人，最爱吃甜橙、荔枝和广柑之类，并且有每顿饭后吃水果的习惯，由于是医生所嘱，他十分认真地遵从，从此就不再吃甜水果，改吃黄瓜、西红柿，未服降糖药，血糖很快趋于正常。他一生从无抽烟、喝酒的嗜好。

1993年11月，容肇祖不慎摔倒，股骨头骨折，虽然人工关节置换术成功，终因心肺并发症，病情日益恶化。儿子在床边守候90余日，一天，他精神很好，对儿子容凯说："我对生死早已置之度外，但仍希望再活三年，看到香港回归之日，那时再去就无憾了。"还说，"再给点时间，把一些文章写完就好了"。一直到最后，他放不下的，都是对这个国家以及事业深深的爱。

五代书香传
一门两大家

容庚家族

容家的女人们

RONGJIA DE NÜREN MEN

一个家族家学渊源的传承与延续，除了家族几代男子的共同努力与历史沉淀之外，家族中的女人同样起了不容忽视的作用。

五代书香传，一门两大家。容家的辉煌成就背后离不开容母邓琼宴为子女求学而"四迁"；一代才女容媛在民国时代靠着自身不菲的成就活出了现代职业女性的风采；文雅温良的徐度伟在容庚背后撑起了一整个家庭；容庚长女容琬以才情和笑容感染着无数人……

容家的女人在容家史册上也熠熠生辉，照亮后人。

邓琼宴：再现"孟母三迁"

没有邓琼宴的话，中国会有一个金石学大家容庚吗？我看不会。

会有史学家容肇祖吗？难。

会有一位民国独立白领女士容媛吗？说不定。

没有邓琼宴，即便容家身为东莞望族，但在那个动荡飘零的时代，一门能走出两位学术上均有非凡建树与开拓的学者大家那是不可想象的。

容庚母亲邓琼宴

邓琼宴，邓蓉镜之第三女，生于同治辛未年，卒于民国十九年（1930），享年60岁。她出生之日正是邓蓉镜点翰林赴琼林宴之时，故取名"琼宴"。她幼读诗书、知书达理。邓蓉镜跟容鹤龄是好友，为了亲上加亲，两家指腹为婚，结为亲家。在容庚整理的家谱记载中，父亲容作恭"志气明决，博闻强记。父钟爱之……"可见，在容鹤龄的子女中，容作恭是受重视的那个。

容母四迁

邓蓉镜和容鹤龄均为旷达之士,又受新思潮影响,观念颇新,两家曾约定,两家女儿都不缠足。邓琼宴本来是不缠足的,但后来却妥协于传统陋习。容庚在回忆文章中说:"后来有人告诉我外祖母,世间哪有大足的夫人,亲家不嫌弃,假使夫婿发达,大足的多少难看,哪能出来见人?故到六七岁时终于把我母亲的足缠上。"

容鹤龄去世后,容作恭就开始缠绵病榻,历十年之久,而后撒手西归。邓琼宴独自一人抚养六个孩子,即庚、肇新、肇祖、七姆、八媛、九娴(长女竹孙嫁给张毓英,早亡)。年青守寡,邓琼宴在封建旧社会里遭受种种的压迫和歧视,又逢大家庭经济日益困窘,日子越来越难过。她依附夫兄容作求与外家邓汝霖二兄长,经受时代坎坷与各种动乱,克服重重困难,把六个子女养大成人,培养他们成才。在容庚写的《本支世系家传》中说到母亲,他写道:"侍夫教子,备极劳苦,勤俭严毅,子女受熏陶,均克长成。"

容家世代书香,到了容庚这一代,虽然家道中落,且父亲早逝,但重教育的传统却没失。邓琼宴非常重视孩子的教育。为了让孩子接受更好的教育,孟母三迁,她是"四迁"。容肇祖在《我的家世和幼年》中对这几次迁居均有记述。

第一次迁居是1909年,邓琼宴带着全家迁居广州,目的是让儿

容母四迁示意图

女能入读其弟邓尔雅任教的广州启明高等小学。容肇祖写道:"四舅（尔雅）教国文多所启发，我们于阅读文学书，旁及书法、篆刻，一改以前墨守拘泥的旧习。"这一次迁居广州的好处是，孩子们学习的视野与方法均有了改变，更有益于学习。

1911年，邓琼宴迁居榨粉街容氏家塾。因容氏家塾住房潮湿，肇祖患上脚气病，秋后才愈。这一年容庚考入高等师范附中，容肇新读教忠师范学校，容肇祖则入读教忠师范附小。

1912年，辛亥革命后又搬回东莞容家祖屋，请了一老秀才在家教书。不过，老秀才主要教家里的女学生，肇祖有时也参与谈论诗文，并写短文给老师参订，其他时间就自学。

1913年容肇祖考入东莞中学，容庚、容肇新同时插入东莞中学读书。为了使儿女上学方便，邓琼宴带着孩子移居东莞中学的附近。容肇祖写道:"这时我们兄弟因在中学故，与外家结邻，比在旧家中易于在学术上的进益。大哥（容庚）在二舅汝霖、表兄懋勋所收藏书画的品评互相砥砺;二哥为二舅书画多作题签,兄弟三人皆随四舅学习篆刻。大哥以后不久,即随四舅草创《金文编》;二哥于书法外,以刻印称;我随四舅学诗,为以后教文学的基础。这都是移居近中学和近外家之所得益。"

在邓琼宴的苦心栽培下,容氏兄弟姐妹皆成栋梁之材,容庚成长为中国古文字学家和考古学家,容肇祖成长为史学家,且在民俗与目录学上也取得突出成就。

容父早逝,容家的家训却是由邓琼宴传递了下来。容璞说,邓琼宴祖母教导子女:"不求做官,但望自立,为社会教育事业多做贡献。"这是容家家训,子女终身铭记不忘。所以,容家人读书出来后,在大学里当老师,做学问的多,为官则是一个也没有。一直到容璞这一代,子女也均是社会专业人才,且以医生为多,达十几个之多。

容璞说,奶奶是爸爸、六叔、八姑上进的力量。这确是不假。容庚在东莞家乡以及在北京读研究生时,均沾上恶习,赌博、听戏都有,青年时更抽食鸦片。正是在母亲的责骂与劝导下,容庚这个有才青年才开始有为起来。他在北京重沾恶习,决定接母亲到北京同住,其中以母亲来监督约束自己的想法是很明显的。

邓琼宴在北京住一段时间后,1929年返回东莞。可能是不适应北方的气候和生活环境,邓琼宴回粤后染上哮喘症,在广州时,容肇祖延请中医及西医治疗,但未能痊愈,回到东莞后,又继续请中医治理。半年反复后,病情加重,于1930年4月19日离世。

母亲的离去让容庚痛苦万分,思及母亲付出的种种,他在《颂斋

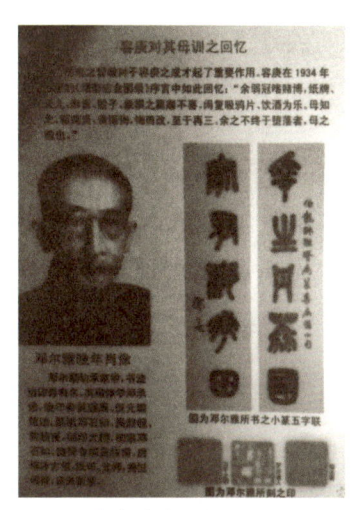

容庚对其母训之回忆

吉金图录》序言中说："慈母见背，欲养不待，所以报母者，惟当自奋于学，不辱先耳。"那时郭沫若跟容庚书信来往密切，得知容母去世后郭沫若特书挽联："惊耗破鸿蒙而来，早岁赐熊丸，敬审庐陵有母；哀母越南以西往，晨昏乏鸡黍，倍知颍谷可风。"

熊丸是指唐代华原（今陕西省耀县）人柳公绰妻韩氏碎苦参、黄连为粉末和以熊胆为丸，使其子柳仲郢夜读时常咀嚼以助其勤奋从学。庐陵（今江西省吉安市）有母，指欧阳修母，庐陵指欧阳修。修四岁而孤，家甚贫，母守节教之。后修官至参知政事，曾因直谏贬夷陵（今湖北省宜昌市）。其母谈笑自若，言我家故贫贱，早就久处如此境地。颍谷，本春秋时郑国边境之地（今河南登封西），春秋初郑国人颍考叔曾在此为封人（守边官吏）。颍考叔事母至孝，又曾劝说和策划郑庄公与母恢复母子关系。

郭沫若此联把容母比作唐柳仲郢之母韩氏夫人和宋欧阳修之母郑氏夫人，把容肇祖兄弟比作人们称颂孝怀敬母的颍考叔，赞扬他们母子继承发扬传统美德之品格风范。

邓琼宴的一生，可以说再现了宋时欧阳修之母的历程。她的一生，是为子女的一生，即便不至为衣食所忧，但也绝不富足，从容庚的回忆中可知一二："儿时，兄弟姐妹七人，尝得三小钱，购一三角糕剖而食之，默念苟能月得三十元者，则余富矣。"七个小孩分一块三角糕的生活当然说不上富足。青少年时，容庚虽喜篆刻，然所需金石文字资料，也只能买普通著作，根本谈不上收藏铜器。

邓琼宴的操劳是显而易见的。提倡个性的现代人或许有人会觉得她的一生是为别人活的，没为自己活过，不值。其实，孩子就是她自己的希望，为孩子活就是为自己活。容家能走出两位大师级人物，离不开她的存在。如若没有她，我们还能看到《金文编》《明代思想史》吗？从这个角度讲，她活得有轨迹，活得值。

容媛：在民国活出现代职业女性风采

容媛是容氏兄妹中的另一位著名学者，字八爱，生于1899年，在容氏兄妹中排行第六，是容庚的二妹。

可以称她为民国的女白领。如果说妈妈邓琼宴是传统的、坚忍的，那她就是个性的、自我的。她在那个女性普遍还依附于家庭的时代，走了出来，自谋职业，体面地自己养活了自己，并且还拥有自己的事业，在自己专注的领域做出了成就。她不仅是民国时期的职业女性，而且她这个职业女性还是学者型的，在学术上至今还占有一席之位。据北大历史系、考古专业同学说，容媛是北大历史系有名的活字典，要查什么古时的资料，很多同学都知道去问她，因为她记住的东西又多又准确。

容媛不是一个养在深闺不知民间事的小姐，相反，她对社会变化非常关注，并把自己投入变化的社会当中去。1926年，她27岁，不要说是在民国，就是放在现在，27岁的未婚女子最该操心的事该是找对象出嫁。但容媛的关注点显然不在这块，她很忙，因为她在东莞城内创办了妇女工读学校，由她本人、姐妹及东莞中学女生义务任教，目的是帮助妇女读书识字，同时学些技能。这一年，广州市国民政府创办中央妇女部学校，何香凝任校长，邓颖超等任教员，容媛考入妇女部学校读书。何香凝是中国女权运动的先驱之一，广州国民政府中央妇女部学校的办学宗旨围绕着妇女权益、妇女解放而展开。从容媛的选择,可以看出她当时致力于妇女解放运动。

来到了广州,她开始进入兄长的朋友圈。

1927年春,容肇祖与顾颉刚任教于中山大学,同年春发起成立中山大学民俗学会,创办《民间文艺》(后改为《民俗》周刊),他俩一起赴东莞参加城隍庙民俗调查,容媛也参加了这次活动,绘有关城隍庙诸神图并有阐释,同时为中山大学《民俗》周刊撰稿。此后,她成为《民俗》周刊重要的撰稿人,发表多篇民俗方面的文章,如《东莞城隍庙图说》《东莞遗俗上所用的槟榔》《钱树歌及尼姑问讯》《东莞的槟榔歌》等。

容媛参与民俗研究,无疑是受顾颉刚的影响。她在《东莞城隍庙图说》一文开头写道:

> 中秋节前数日,顾颉刚先生同家兄元胎到东莞旅行,顾先生游城隍庙时,曾将城隍庙的神名录出,又将庙中神的位置绘了一图,家兄因命我作《东莞城隍庙图说》。我素来关于迷信的事都不过问的,怎能知其详呢?乃请示于从姊,并参考所知的记载,解说如下,仓促草就,错谬必多,望阅者诸君教正。

从中可看出,她刚开始参与民俗活动调查时的一些惶恐。

她在《钱树歌及尼姑问讯》一文中又说:

> 我从前未有研究民俗兴趣的时候,不见则已,如见乞丐拿钱树过门,不待他唱完,即给他钱挥之去,不然,则觉得非常的讨厌啊!现在受了顾颉刚先生和家兄元胎的领导,无论什么事情,倘与民俗有关的,虽在繁忙之中,也要抽出些时间来写下。钱树歌虽然粗俗,也是民间的天然文艺。

从中可看出，此时对民俗研究，她开始显露出兴趣。且语言之间的感觉是很放松的，很直白地表达了个人对乞丐乞讨的感受，应该说，这在当时是非常大胆的。她在文中记录了较多的槟榔歌、钱树歌及尼姑问讯等，如今都是研究东莞乃至中国民俗不可多得的参考资料。

跟着兄长做民俗研究的同时，她要求上进的心并没有停止。1928年，她曾在中山大学旁听。

1929年，顾颉刚辞去中山大学教职，受聘燕京大学教授，容庚兄弟找他带着母亲邓氏一同北上。容媛随行，除了路上照顾母亲，她想去北京求学或谋一份职业。事实证明，此行不管对她兄长还是她自己，都有着关键性的意义。

容媛抵北平不久，即被聘为燕京大学哈佛燕京学社秘书和《燕京学报》"国内学术界消息"版的编辑。其中应有顾颉刚推荐之力，她编"国内学术界消息"是从顾颉刚主编《燕京学报》开始的。日据期间，她随燕京大学南迁四川，历任成都燕京大学国文系兼历史系助教及图书馆编目员。这段时间她与陈寅恪同事，王泽华在《民国时期的老成都》一书中介绍华西坝燕大时写道：最受学生欢迎的便是陈寅恪先生的选修课。他所开的课为《唐史》《元白刘诗》。穿长袍马褂，手拿黑布包袱，包着书本、讲义，另一只手拿一瓶开水的陈先生来了，他步入教室，开始讲课。助教容媛女士也入后座。她是容庚先生的妹妹。

战后燕大复员，她仍任哈佛燕京学社秘书，1952年10月院系调整，任北京大学讲师，在历史系考古资料室工作。1958年退休后继续在家做研究工作。

容媛一生主要的著作有两本，一是20世纪30年代出版的《金石书录目》，一是《1900—1949年中国考古学文献目录》。另外，2008年还整理出版了她的《秦汉石刻题跋辑录》。

其中最重要的是《金石书录目》，先后共出了两版。这本书是在兄长容庚指导下完成的。因为兄长的关系,她接触了大量的金石书籍,长期积累下来,奠定了金石目录学的深厚功底。这本书出版不久,就受到极大赞誉,称其"分类谨严,搜罗完备,末附索引,尤便检查,金石书目录,当以此为最详瞻矣。"著名古文学家唐兰指出:"书目之学,号称难治,容媛先生此编搜采甚勤,剪裁亦颇得当,为金石书目中不可多得之佳作。"

在今天的考古学研究中,这部书仍为重要的参考书目。

高明在《秦汉石刻题跋辑录》的序言中说:"容媛师从兄长,

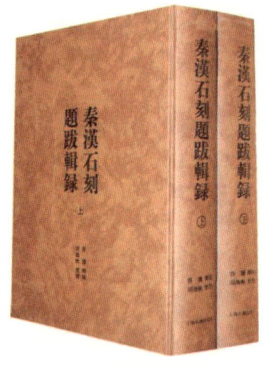
容媛《秦汉石刻题跋辑录》

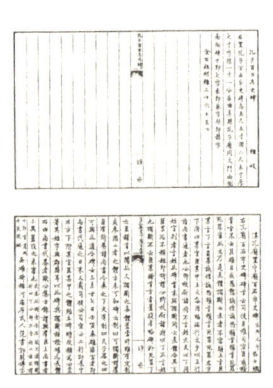
容媛《秦汉石刻题跋辑录》内页

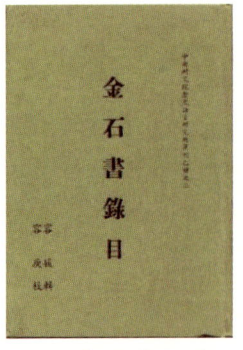
容媛《金石书录目》

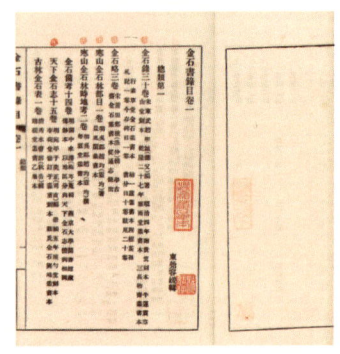
容媛《金石书录目》内页

1933年5月27日燕京大学同仁于马鉴家迎林鹏侠（左起：容庚、顾颉刚、张铨、容媛、马鉴、雷洁琼、林鹏侠）

得其治学之道，默默耕耘，先后编撰《金石书录目》《金石书录目补编》《中国考古学文献目录》等书，贻惠学林。她为人真诚、耿直，酷爱治学。终身未婚，晚年同其未嫁的胞姐长期相依。1996年1月与世长辞，享年97岁高龄。"

1958年容媛自北大历史系考古专业退休后，由城府街蒋家胡同迁到清华园六号楼，仍同胞姐一起居住。当时高明住清华园七号楼，彼此相邻。容媛姐妹皆已高龄，有侄儿在京，有时遇到力不能及的事，会叫高明过去帮助。高明说，有一次容媛胞姐病重卧床不起，把他叫去商量，他及时报告历史系党总支，总支派张万仓同志同他一起从床上将病人抱上车送往医院。

徐度伟：文雅温良的"太太"

徐度伟，字汉英，生于清光绪十八年（1892）6月3日，广东番禺人。她是徐应銮的长女，应銮丁酉科拔贡，在广州教中学。

1915年，她经介绍与容庚结婚。1961年7月22日逝世。容璞说，她与父亲结婚45年，彼此相濡以沫，相敬如宾。她默默地支持丈夫的事业，并生育了6个子女，亲自抚养，教育儿女健康成长，使他们在各行业中都为国家做出了应有的贡献。

在容庚朋友吴灏印象中，徐度伟"文雅温良、雅好绘事，学问好"。

容庚妻子徐度伟

在儿女们眼中，徐度伟"贤惠善良、勤俭节约"。

事实上，她还是一位非常有主见、有行动力的人，她的温和不是因为没主意，而是一种处世智慧。这正是很多中国女性的和谐之道。

她是一位相当独立的女性，且意志力很强。因为，如果不独立的话，就不可能争取到上学读书的机会，更不会自己供自己上学。

出生在晚清的她，一样逃脱不了裹脚的残害。徐度伟的脚曾被裹脚布缠绕过，而后直至民国得以解放，所以她的脚虽不是三寸金莲，但也已变得畸形，很小。不过，她的双手却是很巧。容璞说，在那个封建时代里，女子无才便是德，即使母亲出身于一个小官宦人家，却也无法逃脱这种厄运的安排。但为了读书，母亲就用自己灵巧的双手，一针一针地刺绣，用绣花所换来的钱，自己供自己读书，一直读到高中毕业，这在当时的女流中包括她的亲姐妹中，也是绝无仅有的。自己供自己读书，不要说在晚清，就是现在，又有几个人能做到呢？

容璞说，"妈妈"是每个婴儿出生后，第一声呼唤，但不知是什么原因，从小到大，母亲都不让他们叫她"妈妈"，只允许叫她"太太"，因此这个称谓也就几十年来伴随着他们兄弟姐妹，沿用至今，直至她逝世后40年，他们兄妹之间还是用这个称谓来谈论着有关母亲的一切事情。

这么独立有想法的女性，步入婚姻殿堂之后，却是非常贤惠。

她秀外慧中，用瘦弱的肩膀，挑起整个家庭的重担，默默地支持着丈夫的事业。1921年当容庚捧着他的成名作《金文篇》初稿由家乡东莞远赴北京，求见他的老师罗振玉、王国维时，已经是两个孩子的爹了。徐度伟用她勤劳的双手，担负起养育和教育孩子的重任，直至20世纪20年代后期，容庚在北京谋到了工作，她才带着一双儿女，由东莞赴京。容庚在北京工作的20余年里，四个较小的子女，又陆续出生。几个孩子的启蒙和家教，都是她亲力亲为。

"爸爸工作繁忙，废寝忘食，经常到全国各地考察，而爸爸一生中，几百万字的著作，都是在北京工作的这个阶段完成的。"女儿容璞说。在北京时期，由于生育子女较多，徐度伟体弱，容璞说小时候家里经常飘着一股浓郁的中药味。试想，如果没有妻子在后面全力支持，解除容庚的后顾之忧，主动地担负起六个子女的起居饮食以及培

容庚与徐度伟

养教育的责任,他又怎么可能专心致志从事考古工作和教育事业,还写出几百万字的著述呢?孩子又怎么健康成长呢?

她教育孩子很有方法。

徐度伟写得一手俊秀的小楷,闲时画上几笔写意花卉,也颇为清雅不俗。所以,她就经常买些纸笔,鼓励孩子们随意涂鸦,至今两个小的女儿都对美术以及工艺美术有着浓厚的兴趣。容璞说自己今日走上美术事业这条路,与母亲谆谆教导分不开。

虽然母亲所得的家用钱并不丰裕,但为了孩子们的健康成长,她付出了一切努力。容璞说:"三哥容瑶出生后身体较弱,而且很挑食,有一次母亲专门带他去看展览,让他了解均衡的营养是健康成长的需要,从此三哥就极少挑食了。而我和妹妹从初中开始,便就读于寄宿学校,当时我俩比较瘦弱,母亲就自己腌制一些胡萝卜、大白菜……另外还煮上几个茶叶蛋等,待我们每周回家后带回学校吃。家里的小花园,也时时种着番薯、花生、南瓜等,在收获的季节里共同分享着劳动的果实。用那不多的钱来有计划地把家庭生活安排得更好些。"

徐度伟时刻用艰苦朴素的传统美德教育孩子们,她自己也确实是身体力行的。父亲身为一个大学教授,在当时的社会,收入还是颇丰的,但由于父亲的爱好,一生中收藏了大量的书籍、字画和铜器,因此他只将每月工资收入的一半交给母亲当家用,其余一半用于他的个人喜好。她教孩子们从小就缝缝补补,纳鞋底,缝鞋面。容璞说她和妹妹小时候很少穿新衣服,都是哥哥姐姐们长大了不合身的,留下来改给她们穿。

她非常善良,常帮助别人。

1947年7月,由于工作调动,容庚全家从北京迁至广州。这时孩子们都陆续成长了,大女儿、二儿子已经结婚另立门户,四个小的也都上了大学和高中,徐度伟不用再过多地为儿女操心和操劳。这时,她又主动地提出要求,到岭南大学附属的职工子弟小学任教。她将一片慈母的爱心倾注在这些劳动人民的子弟身上。除了正常的授课外,她还经常用自己日常家用节省下来的钱,买些文具等用品,送给家境较贫寒的孩子。容璞说:"此事直至后来与容璞共事的一位同志(他曾就读过该小学),回忆起这位慈祥的老师时,才对她谈起这件事来。"

她跟子女的关系非常密切。

容璞说,新中国成立不久,社会上流行学习苏联,穿花衣服。1954年,她放暑假回家,那个夏天,母亲买了一块蓝底色小碎花的花布,叮嘱女儿替母亲做一条花裙子。其实那时容璞的手工也不佳,但还是为母亲裁缝了一条花裙子(布拉吉),做得并不好,母亲第一次高高兴兴地穿上女儿为她做的布拉吉。容璞说:"回想起来,也真惭愧,这是女儿唯一的一次孝敬她老人家,亲手为她缝制的一条花裙子。"

1959年，国家进入"三年困难时期"，当时省委号召干部下放农村，争取三大丰收，渡过难关。容璞随着广东人民出版社的一批干部一齐下放到梅县最边远的梅西公社，生活十分艰苦。由于长期营养不良，容璞患上了水肿病，而她一向瘦弱的身体就更难以支撑了，但在这样艰苦的条件下，徐度伟还是想方设法，买了一斤糖果，遥寄一片慈母之心。当时的糖是用蜡纸包的，邮政交通又不发达，糖果经过长途运输，寄到容璞所居住的梅西公社小村庄时已经全融化了，连糖纸都撕不开了。但容璞还是连糖纸一起放在嘴里，与同志们一齐分享着这甜甜的糖果，反复咀嚼，最后把嚼不烂的糖纸吐出来。"这甜美的回忆，没想到竟是我对母亲最后的回忆。"容璞很难过。

　　1961年7月，容璞赤着双脚，刚从田间劳动归来，村里的人交给她一封加急电报，她颤抖着双手接过这封电报一看，竟然是"母病重速回"几个字。她含着泪向队长请假，举着电报向过往的大货车招手，央求司机搭她到县城去，并马上搭车，经过一整日的颠簸，回到家中时，面对的已是逝去两日并火化了的慈母的骨灰。"我真不敢相信那小小的一袋灰色的粉末，就是那个曾经对我付出多少慈爱的母亲。"容璞呆住，眼泪唰唰直流。

　　她说："母亲是无私的、平凡的而又伟大的。她平凡的一生，为丈夫为儿女付出了一切，而当我带着那美好的、甜蜜的回忆，想孝敬她老人家一下时，她已带着永远的微笑，远离我而去。她默默地为这个家付出了自己的一切，父亲事业上每一点成就，我们六个子女事业上每一滴成就，都凝结着母亲的心血。未能见到母亲最后的一面，没能在母亲膝下尽一日孝心，成为我终生的、永远的遗憾。"

容琬：美若轻风的北大才女

容家的女人贤惠，容家的女儿则风采迷人，容琬可说是其中最突出的那位。

身为容家长女，在"太太"徐度伟调教下，落落大方，从东莞来到京城，一点怯意也无。1935年，容琬考入北京大学英文系，因为家离学校较远，寄居在时任北京大学哲学系教授的叔叔容肇祖的家中。

此时的容琬已经出落成聪慧馨香的大美人了。她继承了其父亲容庚的才情学品，在众多的学友中素有"大众的小情人"的美誉。抗战

20世纪50年代容庚夫妇与子女合影（左一为容琬）

1960年家庭合影（前排右二为容琬）

后容琬随北大入学西南联大，就读于联大文学院外国文学系，于1939年夏毕业。

在西南联大时期，北大的容琬是引人注目的。系出名门之外，还因为她的笑容与才情带给了那个飘零时代以信心。当时西南联大很多人都对她有美好印象。

2012年，西泠印社秋季拍卖会中一本珍贵的册页《西南联大师生致容琬诗文手稿册》，让容琬这位名门之后，北大才女，在我们面前变得生动鲜活起来。围绕着容琬的父女情，师生情，同谊情，牵扯出一长串历史名人：容庚、张充和、卞之琳、张荫麟……

清华大学教授、历史学家何兆武先生在他的回忆文章《有关张荫麟及其他》（《万象》2006年9月）中，这样提到容琬："一九三四年，北京大学录取的新生之中，中文系有三名女生，她们是：张充和、容琬和曹美英。三人友情甚笃。一九三七年抗战军兴，三人均辗转至西南后方的昆明和重庆，始终未断联系。"也许是老先生记忆有误,因为容琬的名字是在1935年北大文学院录取名单里找到的而非1934年(《北京大学史料》第二卷上册582页)。

在《西南联大师生致容琬诗文手稿册》中,同学们眼中的容琬,是这样子的:

任你带着多少的烦闷、痛苦、忧郁和乏味在你的心中。当你见了她那天真的面颜,温柔的笑靥,更听她活泼的语声;你的烦恼,瞬刻间,会全逃到乌有之乡。燕秋于蒙自,一九三八夏。

她送给每个人一张快乐的面孔,一副愉快的心情;即或陌生的人,她也会使你极快就分润到温暖的友情骊歌已然唱起,怀着依恋的心情,和你道声"珍重!朋友,盼望他日重会在古城!"——青天白日旗帜飘扬下的故都——伦德,三八、二、八。

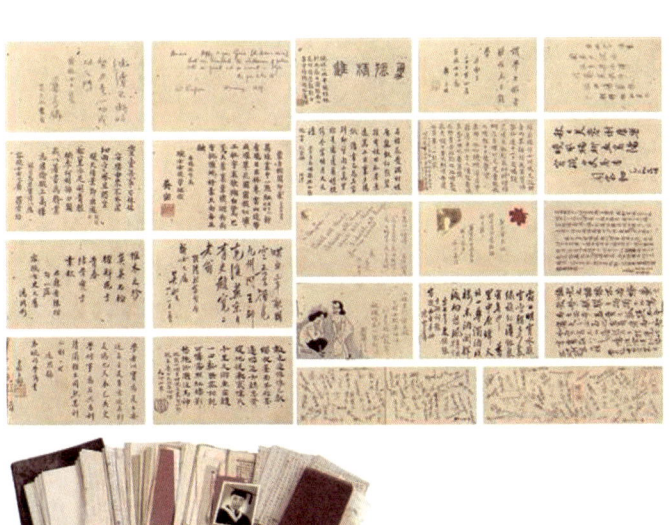

《西南联大师生致容琬诗文手稿册》

尽量的利用时间工作，娱乐——琬就是这样，她是图书馆里一位努力的开矿者，又是一位活泼愉快的健将，唯望你长久的利用时间充实自己，并且散布快乐的种子在人间。（引兆男语）书箴廿七年八月蒙自颐楼。

一个天真淘气的笑脸、一双灵活的眼睛、一张会说话的嘴，随时随地带着热闹的笑声，这一切使你成为可爱的伴侣。但这一些都不过是个外□，最可宝贵的，却是一颗天真纯洁的心。□□□。一九三八、五、四，蒙自颐楼。

看见了容琬，会想起三月里的杜鹃花，会忆起秋夜里的月光，会记起黄莺的婉转歌喉，也会领略到有如晚风吹送来的花草的馥郁。因为你美丽灿烂，能让人醉，也让人怡悦，是容琬来了。我说：微笑吧！两个梨涡。瑞艺。一九三八、八、四，蒙自联大。

To dear Grace:When there is a will,there is a way.V.Glfsedoles, 6/Auguest, −38.37. 会笑的人是很使人妒忘的：愉快爬上了容颜，于是展开了蓓蕾般的笑；她使年青的人感到更年青，年老的人忘记了他的衰老。右赠容琬学友。慧敏，一九三八年七月六日。

当我们还是路人时，别人对我介绍你——"琬不久就会和你很熟！" "她是大众的小情人。" "有琬就没有寂寞。"从你发光的两眼，薄薄的两唇，可以看出你的隽智和健谈；从你的言谈举止可以体会你的胆量和天真。我想凡曾和你谈过两次的人，一生都忘不了你。沈如瑜一九三八于蒙自联大。

健康的身体、活泼的精神，曾引起多少人的倾慕和美欣。虽在逃亡中,哪个曾见你带着几分的病众或愁容。霞,廿七、七、一。

我想我的猜想只能适合□徐、张季三同学,而不能永远给你,因为那儿的人一定常会兴波作浪。这个虽然可怕,可是将使你不致忘记了可怕的海浪。我们的认识不过数天,我都知道了你,你是一位会说话而意志坚强的英雄,不求虚名而能苦干的勇士,就是因为如此使得我,恨相见得晚,别离的快。呀,什么时候我们能再相会呢?祝你一路好像与我离别的没有了波浪而安然到达你可爱的家。此抗战三周年前三日于海防海关码头明生船电铁轨路上。王海波。

这些留言,有祝福,有对容琬的印象:这是一个活泼开朗、美丽迷人的女孩。这样的女孩当然爱慕者众多。其中以和梁启超眼中的史学天才张荫麟的故事让人嘘唏。这段感情故事,多次出现在相关友人的回忆文章中。

光阴一去不复返。其中故事终也成了光阴的故事。

在这本册子上,给容琬留言的还有诸多历史名家,许多弥足珍贵,有的极为罕见,有着重要的史料价值,其中囊括了闻一多、陈寅恪、朱自清、吴宓等大师手稿。

国立联合西南大学(简称西南联大)文学院教授学者留言最多。当时,西南联大文学院下设中国文学系、外国语言文学系、历史社会学系、哲学心理学系四个系,聚集了民国时期一流的文科学人。

在诗文册中,闻一多先生录下贵州安顺民歌送给这位与曹美英、张充

国立西南联合大学校门

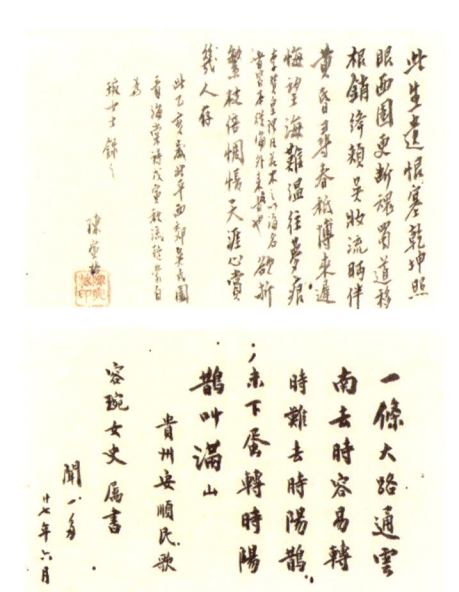

西南联大师生致容琬诗文册中陈寅恪和闻一多题词

和并称为"三才女"的好学生,歌词道:"一条大路通云南,去时容易转时难,去时阳鹊未下蛋,转时阳鹊叫满山。"

比闻一多手迹更珍贵的是陈寅恪诗稿。诗文册中,陈寅恪以1935年的一首律诗相赠:"此生遗恨塞乾坤,照眼西园更断魂",可见其战时心情。

侄子容国濂眼中的容琬是:才貌双全。他还说了前几年发生的一件趣事:

几年前有人在电视台发表了一个东西,说是发现一份很精彩的两地书,其中的女主角,怀疑是谢冰心,当时容国濂的妻子刚好看到这一段,定睛一看,"那不是我大姑妈吗?"就和五姑一起联系电视台,确认这件事,结果就是容琬和徐庆丰。当时容琬在西南联大,未婚夫徐庆丰在天津,他们俩以信件互通感情。

"文笔优美,字非常漂亮,不愧才女之称。这些信件估计是'文革'时抄家被抄走的。现在这些资料在广州一个私人博物馆里存着。"容国濂说。20世纪40年代,徐庆丰在儿科上已很有成就了。新中国成立后,徐庆丰和容琬定居香港。当时,徐庆丰是香港首屈一指的儿科医生。后来,全家移民美国。

五代书香传
一门两大家

尾声

容庚家族

WEISHENG

五代书香 一门两大家

容庚家族

所谓世家，自立为第一要点

家风对一个家族的存在形式到底会产生多大的影响？容家以六、七代人的生活，再次给出了答案。

"不求做官，但望自立"，这是容家的家训。容家的子弟读书，为的不是出仕，而是明己、自立。

因为这句家训，容鹤龄进士出身而隐于书院。容庚视领导工作为繁务，唯钻在他的书里才是正业。容肇祖则从青年起就立志当教师，几十年从未改变过初心与方向。他们，一生耕耘于自己的学术领域和教育事业上，从未离开。

因为这句家训，在容家，子弟的教育永远排第一位。为了这句家训，邓琼宴"四迁"，"严父"容庚把心爱的部分收藏卖掉换子女学费，"慈父"容肇祖鼓励儿子放平心态考，在那个年代，容家子女基本上都是大学生，个个成才。

因为这句家训，容家专耕于各个学术领域，但就是没有一个涉足政界，整整六代。

名门望族，文化世家，这是容家的标签。

这标签的背后，考究的不是生活细节，而是严明的家教。吃饭掉米粒这样的事是不允许的，更不要说如看电影、听戏、打牌、玩麻将这样的娱乐。家中的子弟根本没有什么名门的感觉。容璞姐妹上学穿的校服是从爸爸的蓝布长衫改来的，连同学们都笑话她们。

这标签的背后，是满屋子的书。容凯说，家里三间房里的四面墙，都摆满了书，使得屋里光线很暗。容国濂说，家里到处都是书，客厅、饭厅、通道以及楼梯的拐角处，都是书，他的童年，是"埋"在书堆中度过的。

他们之爱书，到了手不释卷废寝忘食的程度，在他们，做学问与研究就是日常生活。所谓书香世家，原来是这样的啊。唯有触摸到这一层，才能理解容庚为什么能在白天被批斗后，回到小屋依然可以就着一盏灯光著述不已，才能理解容肇祖80多岁高龄了，还搭乘公交车去图书馆找书这些事情。

书，已浸入他们的骨髓，对书的需要，不可或缺。

但，并非不可散。散，是为了让所藏发挥更大的作用，让更多的人有机会接触、研究他们的藏品。由他们而聚在一起的书、画，还有青铜器，成就了他们的学问，他们希望也能再次成就别人。自立的人，是独立的，所以子女对父辈的做法没有丝毫意见。

现在容家的后代中，没有一个从事古文字、史学方面的，但包括容庚、容肇祖自己在内，均不觉遗憾。因为，最宝贵的东西已经停留在子女身上。梁世雄和容璞说，父辈留给子女们的最大"遗产"是清正的人格。现在容家人有从事航天的，有搞艺术的，还有从医的。不管在哪一领域，他们大部分都是那个领域的专家学者。容庚曾说，三百六十行，行行出状元。真说对了。

清正的人格，加专业的本领，也许过个几十年，容家又成了一个医学世家，这也是说不准的事。因为一切，都还在"不求做官，但望自立"这条家训下运行。

尾声